JN016943

ナチュラル英語を絶対聞き取る！
5段変速リスニング完全マスター

新田晴彦　著

コスモピア

ネイティブの自然な英語を聞き取りたい

　本書は英語のネイティブスピーカーの自然な会話—Spoken English—を聞き取るためのトレーニング本である。ただ本書のアプローチは少しユニークかもしれない。というのも、普段はスポットライトの当たらない部分を主なテーマとしているからである。英語はそれ自身が意味を持っている語彙（内容語）が 99.9%、それ自身で意味を持たない語彙（機能語）が 0.1% で構成されている。この圧倒的な比率差にも関わらず Spoken English の 80% はこの 0.1% の語彙が占めているのである。これほど重用されているにも関わらず、人々の 0.1% の語彙に対する扱いはひどい。それもかなりひどい！

　それ自体ではあまり意味を持たないという宿命ゆえ軽んじられ、ネイティブの話し手は、これら 0.1% の語彙が出てくると、ど〜でもいいとばかり一瞬で発話する。ひとつの単語にかける時間が 0.1 秒以下というのはざらである。それだけではない。思いっきり手を抜いて発話するため原型をとどめないほど変形することもある。質の悪いことにその変形が一様ではないときている。ある研究者によると actually（これは 99.9% 側の語彙だが）には 7 通りの発音があるという。原型をとどめない単語が様々に姿を変えながらコンマ何秒で通り過ぎる状況を想像してほしい。そんなものが聞き取れると思うだろうか？　むしろ聞き取れるほうがおかしい。会話の 80% はそのような悲惨な状況に置かれている。第 1 部で詳しく見るが、日本人のリスニングを苦しめているのは他でもないこの 0.1% の語彙である。それを攻略するのが本書の

ねらいである。

　本書は 2 部構成になっている。第 1 部は spoken English の問題点をデータに基づいて眺めていく。やや堅苦しいかもしれないが、これから相手にする spoken English の正体を見極めておくための章である。面倒な人は第一部を飛ばしてもかまわないが、第 2 部での練習の意義や使用している用語の意味がつかみにくいかもしれない。

　第 2 部はトレーニングに特化する。テーマを 13 に分類し総計で 1900 を超えるの音声を準備した。高速な音で練習するのは困難であることから、再生速度を 5 段階にした音声も用意している。またチャプターごとに小テストを用意している。トレーニングの成果を確認してほしい。

　動画配信が一般的となり、個性的な YouTuber の動画や映画、ドラマをいつでもどこからでも楽しめる時代になった。世界的に見ると英語での配信が圧倒的で、英語と日本語の比率は 10 対 1、分野によっては 100 対 1 と言われている。英語動画を字幕などに頼らず視聴できれば楽しみは何倍にもなるにちがいない。本書がそのお役に立てればうれしい。

2020 年 4 月吉日
新田晴彦

Contents

第 1 部

ナチュラル英語リスニングの急所「速度」への挑戦！

第 2 部

弱点補強！ 5段変速トレーニング

1 必須リダクション（1）── 39

2 談話標識（Discourse Marker）── 57

音声ダウンロードの方法

簡単な登録で、音声をスマートフォンやPCにダウンロードできます。

スマホでらくらく聞ける！ アプリ「audiobook.jp」

速度変更や繰り返し再生が可能です。

●コスモピアのダウンロードサイトへ
行くには下記の3つの方法があります。

① audiobook.jp の下記のサイトから
② google などのサイトで
「コスモピア シリアルコード」と検索
③ 右上の QR コードから

会員登録は
無料！

https://audiobook.jp/exchange/cosmopier

＊上記サイトでシリアルコードを入力したときに、会員登録をしていないと、「会員登録をしてください」という表示が出てきます。そこをクリックすると無料登録の画面にいきます。そこで、登録をしてください。

1 上記の画面で8桁のシリアルコード＊を入力

2 登録をしていなかった場合には、画面の指示に従って会員登録（無料）

3 audiobook.jp の本棚からダウンロード

＊8桁のシリアルコード G0020008 をご入力ください。

パソコンで音声ダウンロードする場合＜無料＞

はじめに、「コスモピア・オンラインショップ」で会員登録（無料）

https://cosmopier.net/shop/

その後、取得された ID にてログイン後、

ダウンロードステーション」で「Go!」

ダウンロードしたい音声がある書籍を選び、「Go!」をクリック。音声は PC の一括ダウンロード用圧縮ファイル（ZIP 形式）でのご提供です。解凍してお使いください。

＊パソコンで音声をダウンロードして、スマホなどに取り込むことも可能です。（要アプリ）

本書の使い方と構成

　本書は、理論編にあたる第1部と、実践トレーニング編にあたる第2部に大きく分かれている。

第1部　ナチュラル英語リスニングの急所

　第2部のトレーニングをするにあたっての理論的な背景を説明している。ここを理解しておくと、第2部のトレーニングがスムーズにできる。

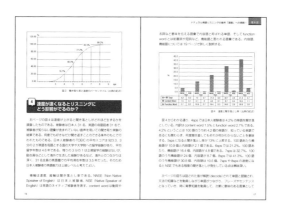

第2部　弱点補強！5段変速トレーニング その①

　トレーニングが始まる前に、現在の実力をチェックするための「プリテスト」、どのような音声を用いてトレーニングをするのか、という「音声の種類」についての説明、そして「トレーニングの手順」についての説明のコーナーがある。

　中でも「トレーニングの手順」は、トレーニングの効果を上げるためにもしっかり読んでおきたい。

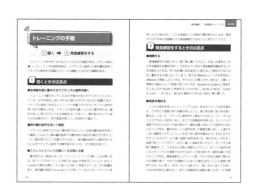

弱点補強！5段変速トレーニング その②

　本書の中心であるトレーニング部分。速く弱く音声がくずれやすい下記の13の項目にフォーカスを当ててトレーニングをする。

　「必須リダクション (1)」「談話標識」「代名詞」「助動詞」「be 動詞」「前置詞」「接続詞」「関係代名詞」「関係副詞ほか」「数量表現・冠詞ほか」「否定形」「必須リダクション (2)――「助動詞 + have」の世界」「常連さんの副詞」

　トレーニングのメインの音声は下記になる。先の「トレーニングの手順」をしっかり読んで、音声素材を効率的に使おう。

❶ ナチュラルスピードの音声
❷ 教科書的音声
❸ 5 段変速音声 ＜ナチュラルスピードから 2 分の 1 の速度まで 5 段階でスピードを調節したもの＞

ここで取り扱う
単語やフレーズ

ポイントを含む文

音声ファイルの番号。上から
①ナチュラルスピード
②教科書的音声
③5 段変速音声

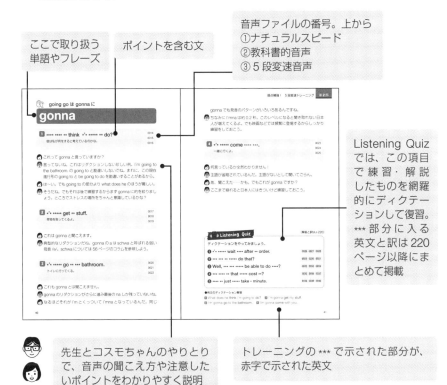

Listening Quiz では、この項目で練習・解説したものを網羅的にディクテーションして復習。*** 部分に入る英文と訳は 220 ページ以降にまとめて掲載

先生とコスモちゃんのやりとりで、音声の聞こえ方や注意したいポイントをわかりやすく説明

トレーニングの *** で示された部分が、赤字で示された英文

トレーニングの流れ

プリテスト ▶

まず、スタジオ録音ではないネイティブスピーカーが話しているナチュラルスピードのインタビュー音声を聞いてみる。音声がどのくらいキャッチできたか確認してみよう。

◀ テーマごとのトレーニング

聞き取りにくい音のテーマを設定していろいろな角度から、そのテーマの音声の聞き取りのトレーニングする。Listening Quiz はこの小項目の復習テスト。

小テスト ▶

いくつかの項目をまとめて、復習をかねてトレーニングの成果をチェックする。本文中に 5 つの小テストがある。

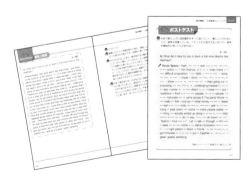

◀ ポストテスト

すべてのトレーニングが終わった後で、どのくらい聞き取れるようになったかを確認するテスト。
できなかった部分は、個別の音声トレーニングに戻って、再度復習する。

ナチュラル英語リスニングの急所「速度」への挑戦！

語彙の 99.9% は内容語だが、約 150 語で語彙全体の 0.1% にしか過ぎない機能語が、英語の会話のおおよそ 80% を占める。ナチュラルスピードで話される母語話者同士の会話は、全体的に速いが緩急がつく。速く話されるところは、弱く、音が弱く、変形して、聞き取ることが難しい。実はその部分に機能語が多いのだ。ナチュラル英語を聞き取るためには、この機能語を中心とした弱く速くくずれた音の聞き取りを強化することが必須になる。

実際にネイティブのスピードを体感してみよう

　英語のネイティブスピーカー（以下、ネイティブと略）の手加減のない英語を聞き取るのが難しい要因はいくつか考えられるが、第1部では「速度」に絞って考えていく。手加減のない英語の代表格として映画が言及され、映画は速いとよく言われる。では具体的にどのように速いのだろうか。またその速さがどういう問題を引き起こしているのだろうか。

　まずはその手加減なしの速度を体感していただこう。

*** ** **** plans? ((0002

　アスタリスクの部分は3単語が0.2秒で発話されている。ここでは解答をお見せしないがどのように耳に響くだろうか。多くの日本人には最後の plans ぐらいしか聞き取れないのではないかと思う。こんな信じられない速さもネイティブにしてみれば標準的な速度でしかない。

1 生の英語の速度とは

　生の英語速度を計測したデータを紹介する。が、その前に前提として会話速度を測る単位を理解しておきたい。

　読書などは1分あたりに読む単語の数で、たとえば 100wpm（word per minute）と読書速度を表現することが多いが、話し言葉では単語を単位にすると大雑把になりすぎてあまり参考にならない。そこでセリフの速度を1秒間に発話される音節（シラブル）数で表現する。たとえば

counselor は coun·sel·or と 3 シラブル、count for her も 3 シラブル。リズムも同じ。もしこれらが 1 秒間で発話されるとシラブル速度ではどちらも同じなのに対し、wpm では前者は 1 秒間に 1 語、後者は 1 秒間に 3 語と 3 倍の開きが生じてしまう。シラブル速度の計測は次のように行う。

Do you know where the store is?

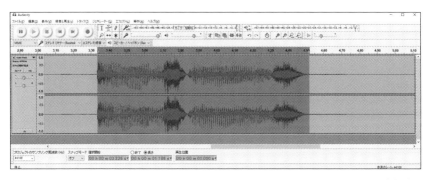

図 1　Do you know where the store is? の発話速度計測

　これはある映画のセリフであるが全体が 7 シラブルで 1.18 秒で発話されている。このセリフの速度は　7 ÷ 1.18 ≒ 5.9 となり 5.9sps と表現する。sps は syllables per second の略で 1 秒間のシラブル数を意味する。よって 3.0sps と 6.0sps では速度が倍違う、つまり 6.0sps で話されるセリフは 3.0sps で話されるセリフの 2 倍の速さになるということである。

> **sps=syllables per second [1 秒間に現れるシラブルの数]**

　次ページの図 2 は様々なジャンルの 14 本の映画から 3 語以上で構成される 10,963 センテンスの会話速度を分析したものである。縦軸がセンテンス数、横軸は sps を単位とした速度である。

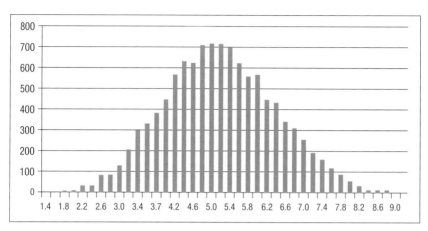

図2　映画の会話速度分布図＊

　これを見ると映画は 5sps あたりを中心として 2sps から 9sps あたりに裾野が広がっている。5sps がどれほどの速さかは実際に体感しないとピンとこないであろうが、英語を母語としない人たちのためにゆっくりとニュースを読む VOA Learning English（旧 VOA Special English）は 3.2sps を中心とする山になり、アーノルド・ローベルの児童書 *Frog and Toad Together* の朗読は中心が 2.9sps の山になる。それらと比較すると映画はほぼ倍の速さと言える。セリフの速度分布はそのままネイティブの日常会話の速度分布と考えられる。

2　ナチュラル速度ということ

　映画はナチュラルな速度の会話、という言い方をされることが多い。では、ナチュラル速度とは何だろう。図2の中心 5sps がナチュラル速度だろうか？　すべての会話が 5 sps で行われている状況を想像してほしい。常に一定の速度で話される会話は、おそらくロボットが話しているようで不気味だろう。やはり自在に速度が変化し、速くなったり遅くなったりと揺れ動くほうが明らかに自然（ナチュラル）である。

　ナチュラル速度とはある特定の速度を指すのではなく、5sps という

＊出典：An Analysis of Articulation Rates in Movies. 映画英語教育学会『映画英語研究』15 号　2010 年

速度帯が最も多く使われ2spsで話されることもあれば8spsで話されることもある図2の分布図のような話し方を言う。そもそも人は考えながら話しているので、例えば次に言うべきことをどういう風に言うかを考える場合、単語をすこし伸ばし気味に発音して考える時間を稼ぐ。または強調したいことがあるために、普通であれば短縮形で発音するフレーズをわざわざ単語を区切って発音する、などということを行う。頭の中の動きが会話の速度となって現れるので一定の速度にはなりえない。

　話し手が気持ちを反映しながら話すと会話速度は必ず揺れ動く。前述のVOA Learning Englishは2spsから4.5sps間を揺れ動き、最もよく使われる速度帯は3.2spsである。揺れ動きはするが中心となる速度が遅いため、個々の語彙がクリアになり不自然さを隠せない。2.9spsが中心の速度帯であるアーノルド・ローベルの児童書も同様である。

３ ナチュラル速度には高速域が含まれる

　図2の分布図の中心5spsより左側のセリフは比較的聞き取りやすい。そして中心より右側に寄るほどセリフは聞き取りが難しくなる。ナチュラルな会話は速度が揺れ動くので、ナチュラルな会話には必ず高速域が含まれることになる。よって7spsや8spsという速度を避けて通れない。手加減のない英語のリスニングには高速域の攻略が必須となる。

　次ベージの図3は図2をパーセンタイル＊で表したものである。横軸が速度、縦軸がパーセンタイルである。今仮に4spsの速度までの対応力しかなければ、映画の音声の18%ほどしか聞き取ることができない。5spsまでの速度に対応できれば、全体の48%までを聞き取ることができるようになる。映画やネイティブ同士の会話をよりしっかりと聞き取るためには対応できる速度を上げていかなくてはならない。6spsでは77%なのでまだ不足する。せめて7spsの速度に対応できるリスニング能力がほしいところだ。

＊パーセンタイルとは、全体を100として、データを小さい順に並べ、小さいほうから数えて何パーセント目にあたるかを示す言い方。

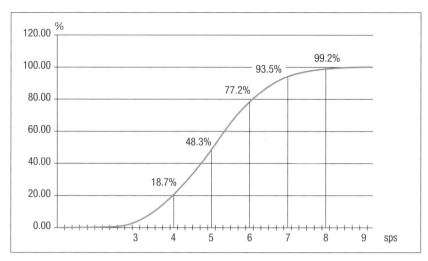

図3　聞き取り率と速度のパーセンタイル*

速度が速くなるとリスニングに どう影響がでるのか？

　右ベージの図4は速度が上がると聞き落としがどれほど生ずるかを調査したものである。被験者は日本人31名、英語の母語話者31名で、被験者が知らない語彙が含まれていない音声を用いての聞き取り実験の結果である。この実験は何度でも好きなだけ聞き返すことのできる条件のもとで行われた。日本人被験者のTOEICの平均スコアは923.3、3分の2が英語を母語とする国の大学や大学院への留学経験があり、平均留学年数は4.6年である。残りの3分の1は正規留学の経験はないが、駐在員などとして海外で生活した経験があるなど、海外とのつながりは深く、31名全員の英語圏での平均滞在年数は3.5年だった。そのため日本人被験者の英語能力は上級レベルと考えてよい。

　横軸は速度、縦軸は聞き落とし率である。NNSE（Non Native Speaker of English）は日本人被験者、NSE（Native Speaker of English）は英語のネイティブ被験者を表す。content wordは動詞や名

*出典：Speech Rates and a Word Recognition Ratio for Listening Comprehension of Movies. 映画英語教育学会『映画英語研究』16号　2011年

詞など意味を伝える語彙で「内容語」と呼ばれる単語、そして function word とは前置詞や冠詞など、「機能語」と言われる語彙である。内容語、機能語については 19 ページで詳しく説明する。

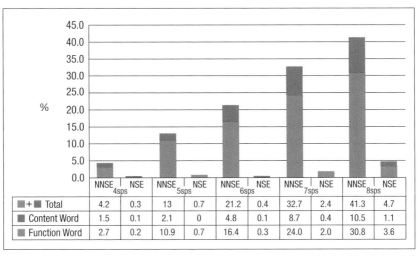

	NNSE 4sps	NSE 4sps	NNSE 5sps	NSE 5sps	NNSE 6sps	NSE 6sps	NNSE 7sps	NSE 7sps	NNSE 8sps	NSE 8sps
+ Total	4.2	0.3	13	0.7	21.2	0.4	32.7	2.4	41.3	4.7
Content Word	1.5	0.1	2.1	0	4.8	0.1	8.7	0.4	10.5	1.1
Function Word	2.7	0.2	10.9	0.7	16.4	0.3	24.0	2.0	30.8	3.6

図4　速度と聞き落とし率*

　図4からわかる通り、4sps では日本人被験者は 4.2% の単語を聞き落としている。内訳は content word 1.5% と function word 2.7% である。4.2% ということは 100 語のうち約 4.2 個の単語が、知っている単語であるにも関わらず、何度聞き直してもそれが何かわからないことを意味する。5sps になると聞き落とし率が 13% に上昇する。100 語あたり機能語が 10.9 個と内容語が 2.1 個である。6sps では 21.2%。100 語あたり、機能語が 16.4 個、内容語が 4.8 個である。7sps は 32.7%。100 語のうち機能語が 24 個、内容語が 8.7 個。8sps では 41.3%。100 語のうち機能語が 30.8 個、内容語は 10.5 個。7sps や 8sps の速度になると NSE でもある程度の聞き落としが発生している点は興味深い。

　次ページの図5は話された音が解読（decode）されて単語と認識され、文法の知識などを動員しながら単語がつながり、フレーズやセンテンスとなっていき、時に背景知識を動員して、次第に意味のある言葉として

＊出典：Missed Word Rates at Increasing Listening Speeds of High-Level Japanese Speakers of English. 専修大学『専修人文論集』87 号 2010 年

理解されるまでの過程を示している。

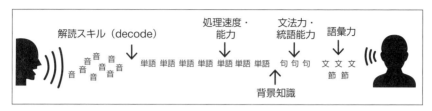

図5　音が意味をもって理解されるまで

　図4の何度聞き返しても何の単語かわからないという結果は、図5の decode の部分、つまり音を単語に戻すという入口の部分で問題が発生していること意味している。聞き落とす単語が少ないうちは、文脈や背景知識などを用いて相手の言わんとするところを推測できるが、聞き落とし量が増えてくるとそうしたテクニックが使えなくなる。

5　日本人を苦しめる0.1%の語彙

　John Field という研究者は会話の8割は機能語であるとし、正確に聞き取ることの重要性を述べている。Wikipedia によると機能語は150種類で、英語語彙の99.9%は内容語が占めるという。語彙の99.9%は内容語なのに会話の8割は機能語が占めるのである。

　前ページの図4の結果をもう一度眺めてほしい。速度が上がったときに聞き落とすのは圧倒的に機能語であり、内容語はそれほどでもない。なんだそれなら大きな影響はないではないか、と考える人もいるかもしれない。実際、機能語は意味を運ばないし見た目もやさしい単語なので、機能語が聞き取れなくても気にしない人が多い。しかし、これは考え方が逆ではなかろうか。同じ機能語が何度も何度も繰り返し顔を出しているのに、その聞き落しを気にしないのはおかしい。そこさえ聞き取れるようになれば会話の80%をカバーすることができるのである。

　ネイティブの会話を聞いて、モゾモゾと話しているその所々に知っている単語が顔を出すという経験はないだろうか。このモゾモゾが 0.1％の機能語の部分で、たまに聞こえる単語がストレスの置かれた内容語である。このモゾモゾがクリアになってきたらリスニングは霧が晴れたようにすっきりとするとは思いませんか？

6　内容語と機能語

　content word（内容語）と function word（機能語）という表現を使ってきたが、ここで詳細をみておこう。

内容語とは

　内容語とは意味を伝達するもので次のような種類が該当する。

名詞	desk / cat / paper / book...
動詞	eat / take / get / tell...
形容詞	beautiful / young / old...
副詞	very / so / slowly / always...
指示代名詞	this / that / these...
所有代名詞	mine / yours / his / hers / its / ours / theirs
疑問詞	what / when / who / which / where / why / how...
再帰代名詞	myself / itself / yourself / ourselves...
数詞	one / two / thousand / million / first / third...

否定詞	not / never...
感嘆詞	Wow! / Oops! / Hey! / Duh...

機能語とは

機能語とは文法的な役割を担うもので次のようなものが該当する。

代名詞 （主格、目的格、所有格）	■ 主格 I / you / he / she / it / we / they / someone / anyone / everybody... ■ 目的格 me / you / him / her / us / them / something ■ 所有格 my / your / his / her / our / their
助動詞	do / does / did / can / could / will / would / should / may / might...
前置詞	at / from / for / with /of / to / about...
冠詞（数量詞）	a / an / the / some / any / little / less / all / each / every / few / several / many / much / more / most / both / no / either / none / enough / lot...
接続詞	and / or / but / as / because / if / till / that / when / while / since...
Be 動詞	am / are / is / was / were / been / being / be / there is / here is...
関係代名詞	that / what / which / who...
関係副詞	where / when / how / why

　複数の品詞にまたがる単語もあるので、左記の分類は原則としておきたい。2シラブル以上の前置詞を内容語と見なす人、副詞の一部を機能語とみなす人などもいて上記の分類ですべてきっちりと区別できるわけではない。

　さて、次の例文を見てみよう。太字で示した単語が内容語となり、その他が機能語となる。主たる意味を伝えるのは内容語で、機能語は補助的なものであることがよくわかる。

He's going to **fly** to **Chicago next week.**
My **mother** has **lived** in **Tokyo** for **thirty years.**

　次にもっと長い文章を用いて機能語、内容語を確認していく。

例文1

> The **movie deals** with **heavy subject matter,** but
> it **does so** in a **light, fun** and **whimsical way.** Was
> there **a desire** from the **beginning** to **make this**
> **story appropriate** for a **broader age audience?**

出典：『映画スターインタビュー』(p.114) コスモピア刊

「この映画は重いテーマを扱っていますが、軽く、楽しく、ひねりを交えて描かれていますね。最初から、この物語をできるだけ幅広い年代層の観客に受けるようにしたいという気持ちがあったのでしょうか？」

　ある英文を読むとき、すべての単語を均一に発音しないように注意したい。単語を均一に発音するのはどちらかというと日本語的な特徴であり、シラブルでタイミングをとる英語には似合わない。英語は意味を伝達する単語（多くの場合、内容語）にストレスを置き、その他は軽く発音することでリズムを形成する。よって太字の語は、

(1) 強く発音される
(2) 長く発音される
(3) ピッチを上げて発音される

などの強調処理が行われる。日本語は (3) のピッチの上げ下げでストレスを表現するため、その感覚で英語をリスニングすると (1) や (2) の形のストレスを認識できない恐れがあるので注意したい。

　では例文 1 をネイティブが読んだとき、太字の単語にすべてストレスが置かれるかというと、必ずしもそうではない。非常にゆっくり読めばそうなる可能性はあるが、ある程度の速度にのると若干変化していく。それを理解するには thought group という考え方が便利である。

7　thought group という考え方

　人は何かを話すときには必ず息継ぎをする。この際、途中で切れると意味が変わってしまうような場所では息継ぎをしない。たとえば a beautiful girl はひと固まりで発音され beautiful の後で息継ぎをして二分するようなことをしない。eat lunch も同様で eat の後で息継ぎをしない。もしそのような場所で息継ぎをすれば、聞いた相手は理解するのに余分なエネルギーを使うことになるだろう。a beautiful girl のように切れてはいけない小さな意味の固まりを thought group と言い、ひと息で発話される。では、例文 1 を thought group で区切ってみよう。

例文 1-1

The **movie** / **deals** with **heavy subject matter**, / but it **does so** / in a **light**,/ **fun** / and **whimsical way**. // Was there a **desire** / from the **beginning** / to **make this story appropriate** / for a **broader age audience**?

　/ は文の途中、// はピリオドの後の意味。thought group の中には必ず内容語がひとつ以上含まれている。ひとつしかなければその語にストレスを置き、複数ある場合は最も重要と思われる単語——多くの場合文

末の内容語——に最も強いストレスを置く。

　強いストレスが置かれる単語を focus word と呼ぶ。focus words に注意しながら実際の音声を聞いてみよう。

((0003

> 例文 1-2
>
> The **movie deals** with **heavy subject matter**, / but it **does so** in a **light**, **fun** and **whimsical way**. // Was there a **desire** from the **beginning** / to **make this story appropriate** / for a **broader age audience**?

　音声の話者は [例文 1-1] で見た thought group をいくつかまとめて、より大きな thought group を作り上げている。実際にはこの話者のようにより大きな thought group を作るのが一般的で、すべての thought group ごとに息継ぎをしたり間をとったりはしない。そのような話し方は聴衆を前にしてしっかりとメッセージを伝えようとするスピーチに見られる。どこで間を取り、どの内容語に最も強いストレスを置いているかに注意しながら、この thought group を念頭に何度か音声を聞いてみよう。

　thought group とストレスを意識して聞くとリズムを感じないだろうか。このリズムがリスニング技術の向上に大いに役立つ。ちなみに light の後に一瞬「間」があるが、これは息継ぎをしたわけではなく、light の t 音が呑み込まれているため、本来 t の発音に必要な時間が無音の「間」として残っているためである。

　さて内容語を見てきたが、内容語はこのようにスポットライトが当てられる。一方の機能語は完全に背景に押しやられている。thought group の観点からみても、機能語は背景に押しやられるしかない存在であることがよくわかる。こうして機能語は日本人の耳から遠ざかっていく。

　一応機能語の名誉のために一言述べておくと、機能語にもストレスが置かれることがある。ただストレスが置かれた瞬間に意味を持つように

なり内容語的な扱いとなる。よって機能語にストレスが置かれるとその意味を読み取らなければならない。アメリカのテレビドラマ『フレンズ』の主人公のひとりチャンドラは、普通ならばストレスの置かれない be 動詞、前置詞、人称代名詞などにストレスを置いて話すため、その変わった話し方をからかわれる。

背景に押しやられるのは機能語だけではなかった！

　内容語でありながらストレスが置かれず背景に押しやられることもある。その原因のひとつが速度である。次の文を見てみよう。

I'm **having** a **really good time**! 　　　　　　　　((・ 0004

　内容語を太字で示している。この文を教科書的な発音とナチュラルな発音とで聞き比べてほしい。聞き比べるポイントは内容語が 3 つ連続する really good time の箇所である。

　教科書的な発音では内容語すべてにストレスが置かれている。一方のナチュラル音声では really と time に強いストレス置かれ、その間の good が弱くなっているのに気がついただろうか？

I'm **having** a **really** good **time**! 　　　　　　　　((・ 0005

ストレスの置かれない内容語（リズム優先）

　読む（話す）速度が上がってくると、すべての内容語にストレスを置く余裕がなくなる。ストレスよりもリズムが優先される。実は前ページの例文 1-2 にも同じ現象が起きている。make this story と内容語が 3 つ並んでいるが、make と story にはまれた this が弱くなっている。

ストレスの置かれない内容語（速度：0.1秒という別世界）

I **think this** is **probably** why she **smokes.** ((・ 0006

　このセンテンスの発話時間は全体で1.5秒である。I think this isの部分のみでは0.33秒。さらに細かく分けるとthinkは0.1秒。this isは0.2秒以下。文字を見た後で音声を聞くと、耳がいい人であればthinkはかろうじて認識できるが、this isはさすがに訓練していない人の耳には解読（decode）不能だろう。もし文字を見ないでいきなり音声を耳にした場合、thinkも認識できない可能性が高い。thinkもthisも内容語であるが、これほどの高速になると内容語であることのメリットは日本人にはほとんど関係がなくなる。

　もう一例見てみよう。

Remember when we **went** to **Central Park**? ((・ 0007

　全体で1.4秒。Remember when we wentの部分が0.5秒。rememberが0.2秒ぐらい、wentは0.1秒ぐらいである。文字が提示されていない状態で音声を聞くとrememberもwentも認識できない可能性が高い。

　単語を学んでいるときには、まさかその単語が0.1秒で発話されるなんて思ってもいない。だからそれを聞き取る準備が整っていない。ネイティブの生の英語をリスニングするにはこうした速度に身体（耳）を慣らしていくトレーニングが必要になる。スペルなどに惑わされず元の音にしっかりと耳を傾ける精聴、その音と同じになるよう物まねをする発音練習、その繰り返し、というトレーニングが必要になる。ネイティブの生の英語にはもうひとつ壁がある。それが次のバリエーションの問題である。

8 音のバリエーション

次の文字を読んでみよう。

① なにぬねの
② なにぬねの
③ なにぬねの

　日本人であれば問題なく全部読めるかと思う。しかし、日本語を学習する外国の方は、①は読めても②は読めない、あるいは②までは読めるが③は読めないと、文字の崩れが大きくなるにつれ読めなくなると言う。この現象は私たちがネイティブの生の英語を耳にするときの状況と似ている。図の文字が発音だったと想像しよう。①のような綺麗な発音であれば聞き取れるが、②、③と崩れが大きくなるにつれ聞き取りが難しくなってくる。

　全員が①のような発音であればネイティブの生の英語のリスニングに悩む日本人はおそらく存在しないだろう。②、③のように、そしておそらくそれ以外にも③、④、⑤……と①とは異なる発音があるために、Aという場面で聞き取れた表現が、Bという場面では聞き取れないということが起こってしまう。ネイティブの生の英語を聞き取るとは、こうした音のバリエーションに対応できる、ということを意味する。

　では、実際に音のバリエーションを体験してみよう。右ページに6種類のセンテンスを用意した。　　　　　で示しているが、すべてのセンテンスに always という単語が含まれている。下に行くほど認識が難しくなるかと思う。

((・ 0008

---

❶ Do we ▮▮▮▮ have to do everything together?

❷ You've ▮▮▮▮ been jealous of my hair.

❸ But there was ▮▮▮▮ this little voice inside my head.

❹ Why do you ▮▮▮▮ have to break in?

❺ He ▮▮▮▮ seemed effeminate to me.

❻ I ▮▮▮▮ thought he was gay.

　最初のほうはわかりやすいが最後のほうになると、どこに always があるのかさえわからないかもしれない。ちなみに always は内容語である。またこの6種の音声は同一人物が発話している。もし発話者が異なれば、さらにわかりにくくなるだろう。ひとつの単語にひとつの発音しかなければ一度練習すればどんな場面でも対応できるようになるが、残念なことにバリエーションがあるがゆえそう簡単にはいかない。多聴が必要になる理由がここにある。

9　英語のバックエンド：見た目のやさしい強敵

　以上見てきたように、私たちが相手をするものはストレスが置かれることのない機能語とやはりストレスの置かれない一部の内容語である。ストレスが置かれない語彙は、たとえて言えばスポットライトの当たらない脇役のようなもので、主役の後ろに隠れて主役をサポートする存在。姿がよく見えない地味な脇役たち。主役をフロントエンドとするならば、脇役はバックエンド。私たちが学習するのはこのバックエンドである。フロントエンドを勉強するのは楽しいがバックエンドは地味。では

地味な勉強が待っているのかと考えたそこのあなた、いきなり寝ないように！　会話の 80％がバックエンドの語彙でできていることを思い出すように！

　バックエンドの語彙たちはいずれもやさしいものばかり。しかしそんなことに騙されないようにしよう。17 ページの図 4 で見た日本人被験者は全員英語の上級者と目される人たちである。その人たちですらこれらの語彙に泣かされていることを肝に銘じよう。想像以上の難しさが待ち構えている。気を引き締めて第 2 部に進もう。

弱点補強！
5段変速
トレーニング

第1部で、緩急をつけて話されるナチュラル英語の「急」の部分、機能語を中心とする「速くて」「弱くて」「くずれて」いる部分に私たちの弱点があることがわかった。この第2部では、弱点補強しなければならない項目を13に分け、そのグループに属する音を合計1900を超える音声を聞きながらトレーニングし、補強していく。トレーニングが終わったときには、あなたのリスニング力は確実にレベルアップしているはずだ。

まず自分の現在地を知ろう。自分の弱点を明確にするためのテストなので得点や結果を気にする必要はない。

3人の映画俳優のインタビューをつまみ食いする。第1部で述べたバックエンドの部分をアスタリスクに変換している。このアスタリスクを元の単語に戻してほしい。アスタリスクを見ながら書き取ろうとすると混乱するので、音のみに集中し全体を書き取ってみよう。聞き取れない箇所は×××か空欄で残し、聞き取れる箇所のみでかまわない。

---

1 🎤 Reese Witherspoon   ((• 0009

Q: What was it about the book that made you want to be in the movie?

Reese Witherspoon: **, ****, * **** thought ** *** **** ** important story. ** *** one ** *** **** profound books *'* **** read ***** dealing **** loss *** grief, *** that idea **** ** ***'* coming ** save *** ** **** life, *** **** ** save yourself.

（『映画★スターインタビュー』p.70　コスモピア刊）

2 🎤 Renee Zellweger

((• 0010

Q: And how are you unlike her completely?

Renee Zellweger: Okay, ∗∗, ∗'∗ probably ∗∗∗ ∗∗ open. ∗ ∗∗∗'∗ share ∗∗ much. ∗∗, ∗ think ∗'∗ probably ∗ ∗∗∗∗∗∗ ∗∗∗, ∗∗, ∗∗∗∗ ∗∗ ∗ realist, ∗∗∗, ∗∗, ∗∗∗ ∗∗∗∗ ∗∗∗∗ ∗∗∗∗ ∗∗∗ ∗∗ ∗∗∗∗ ∗'∗ ∗ hopeless romantic ∗∗∗ ∗'∗ e- ever optimistic, ∗∗, ∗∗ ∗∗∗ point ∗∗∗∗∗ ∗ ∗∗∗∗ naive sometimes, ∗ think. ∗∗, ∗∗∗ know ∗ have ∗ different way ∗∗ ∗∗, ∗∗, ∗∗, keeping track ∗∗ ∗∗∗ ∗'∗ doing ∗∗ ∗∗∗∗, ∗∗ ∗∗ speak. ∗∗, ∗, ∗, ∗∗∗ know, ∗ don't, ∗ don't know. ∗∗, ∗∗ ∗∗∗∗ different hang-ups, that's ∗∗∗ sure.

（『英語シャドーイング【映画スター編 Vol.2】』*p.*30　コスモピア刊）

3 🎤 Matt Damon

((• 0011

∗∗ ∗∗ ∗∗∗∗ holding ∗∗∗ movie ∗∗∗ ∗∗∗ right reasons, ∗∗∗ th- ∗∗∗, ∗∗∗ outward signals ∗∗∗∗ ∗∗∗'∗∗ ∗∗ ∗∗∗ industry ∗∗∗∗, "∗∗ ∗∗ God, ∗∗∗∗ thing's ∗∗∗∗∗ ∗∗ suck!" ∗∗∗ ∗∗∗∗, ∗∗ ... ∗∗ nobody, nobody really called ∗∗∗ r- gave ∗∗ ∗∗∗, ∗∗, job offers ∗∗∗ quite ∗∗∗∗ time ∗∗ ∗ went ∗∗∗ ∗∗∗ ∗ play ∗∗ London ∗∗∗, ∗∗, ∗∗ closed ∗∗ ∗ S- ∗∗ ∗ Sa- ∗∗ ∗ Saturday night ∗∗∗, ∗∗, Bourne ∗∗∗ opened ∗∗∗∗ Friday. ∗∗∗ ∗∗ ∗∗∗ time ∗ got back ∗∗ New York, ∗∗ ∗ got back Sunday night ∗∗∗ Monday morning ∗∗∗∗∗ ∗∗∗∗ ∗∗∗∗∗∗∗∗∗ ∗∗∗∗ thirty script offers.

（『英語シャドーイング【映画スター編 Vol.2】』*p.*46　コスモピア刊）

1 🎤 Reese Witherspoon   ((0009

Q: What was it about the book that made you want to be in the movie?

Reese Witherspoon: Um, well, I just thought it was such an important story. It was one of the most profound books I'd ever read about dealing with loss and grief, and that idea that no one's coming to save you in your life, you have to save yourself.

2 🎤 Renee Zellweger   ((0010

Q: And how are you unlike her completely?

Renee Zellweger: Okay, um, I'm probably not as open. I don't share as much. um, I think I'm probably a little bit, uh, more of a realist, but, um, but very much like her in that I'm a hopeless romantic and I'm e- ever optimistic, um, to the point where I seem naive sometimes, I think. Um, you know I have a different way of uh, of, uh, keeping track of how I'm doing in life, so to speak. Um, I, I, you know, I don't, I don't know. Um, we have different hang-ups, that's for sure.

3 🎤 Matt Damon   ((0011

So we were holding the movie for the right reasons, but th- the, the outward signals when you're in the industry were, "Oh my God, this thing's going to suck!" You know, so... so nobody, nobody really called and r- gave me any, um, job offers for quite some time so I went and did a play in London and, uh, we closed on a S- on a Sa- on a Saturday night and, uh, Bourne had opened **that** Friday. **And by the** time I got back **to** New York, **um** I got back Sunday night **and** Monday morning **there were something like** thirty script offers.

　答え合わせを行ってみてどうだっただろうか？　脱力感を覚えたのではなかろうか。

- um とか well とか、そんなの気にしなくてもいいのではないか？
- I'm とか You're とか聞き落しても大きな問題じゃないよね。
- 簡単なものばかりで練習する気が起きない。

　おそらくこんなところだろうか。気持ちはよくわかる。多くの人が気に留めず、よって練習もせず、よってバックエンドの部分がいつまでも雑音として残る。雑音だけならまだしも正しく聞こえていた箇所を混乱させる因子となることも少なくない。そのような箇所を少しピックアップしてみると次のようになる。

1. dealing with loss の with が f に聞こえ dealing <u>floss</u> [❶ の5行目]
2. I'm probably not as open が <u>probably open</u>　[❷ の2行目]
3. but very much like her in that が but very much like her in <u>there</u>　[❷ の4行目]
4. we have different hang-ups が we different hang-ups (have の欠落)　[❷ の最後の行]
5. the outward signals when you're in the industry が the outward signals <u>&%8r&%$</u> industry　[❸ の2行目]

　4は大勢に影響はなさそうであるが、他はそうもいかないだろう。聞き落した所を、それが些細なことだとしても、ひとつひとつつぶしていく練習をしていくことをおすすめしたい。

トレーニングに用いる音声の種類

　トレーニングに用いる音声を3種類用意している。ひとつはナチュラル音声、ひとつは教科書的な音声、そしてもうひとつはナチュラル音声を5段階でスローにしたものである。これらの音声は次のような特徴を持っている。

1 教科書的発音の音声

　日本人の立場からはそんなにゆっくりとは思わないが、ネイティブから見るとかなりゆっくりの音声。丁寧な発音になっている。ネイティブの立場からは外国人向けの英語と言えるかもしれない。特徴は次の通りである。

教科書的発音

((・ 0012

Why would he **open** the **curtains** / before he **turns** off the **alarm**?

　太字の部分はストレスのある単語である。速度がゆっくりであるためすべての内容語にストレスが置かれる傾向にある。また普通ならば弱くなる機能語に関しても明瞭に発音されることが多い。

2 ナチュラル音声

　ネイティブがネイティブに対して発話する英語をナチュラル英語と定義する。当然英語を母語としない者にわかりやすく発音しようという配

慮はされていない。ネイティブ的には普通の速さであるが、日本人的には非常に速く聞こえる。先ほどの教科書的発音をナチュラルに発話した例を聞いてみよう。発話者は同一人物である。

ナチュラル音声

((0013

Why would he open the curtains / before he turns off the alarm?

　ストレスのある単語が減少している。ナチュラル音声のほうは why / open / turn にストレスは残っているものの、教科書的発音に比べると明らかに弱くなっていることがわかると思う。速度が速くなり、すべての内容語にストレスを置く余裕がなくなるのである。ストレスのある単語が減少すれば、ストレスのある単語と次のストレスのある単語の間隔、つまり谷間の部分が長くなってしまい、その部分の発話速度が一気に上がってしまう。当然聞き取りにくくもなるし、ストレスのある内容語が減るので意味を理解しにくくもなる。我々はこのナチュラル音声に対するリスニング力を養おうとしている。

3 5段階音声

　これは主に発音練習のときに用いる。ナチュラル音声を真似て発音練習するのだが、速いと真似たくとも真似られない。そこでナチュラル速度から1割ずつ遅くなり元の速度の50%になるまでをひとつの音声ファイルとして作成している。自分に適した速度の部分を用いて練習するという趣旨である。

トレーニングの手順

①聞く ➡ ②発音練習をする

　トレーニングを大きく分けるとたったこの2段階である。ただし中身は濃い。トレーニングの音声自体は、①ナチュラル音声→②教科書的音声→ナチュラル音声を5段階のスピードに調節したものの3種類がある。

1 聞くときの注意点

●全神経を音に集中させてナチュラル音声を聞く

　トレーニング編のセンテンスは文字部分の多くがアスタリスクになっている。文字を見ると音に対する注意力がそがれるための措置である。ナチュラル音声に対するリスニング力を養うのだから、ナチュラル音声を用いるのが基本となる。ナチュラル音声は難しいために聞き取れない箇所が多いと思うが、それでも全神経を注いでほしい。聞き取れなくても落ち込む必要はなく、苦手領域を探している気持ちで臨もう。

●教科書的音声を用いて確認

　ナチュラル音声ではうまく聞き取れなかった人は、教科書的音声を用いて確認してみよう。教科書的音声では聞き取れる部分が増えるだろう。しかし聞き取れたことを喜ぶのではなく、教科書的音声では聞き取れるのになぜナチュラル音声では聞き取れないのか、その原因を探ろう。

●ストレスとストレスの間にくる谷間に注意

　聞き取れない原因の多くは、ストレスとストレスの間にくる谷間にある。35ページのセンテンスの例では open が弱まることにより why と curtains の間の谷間が「より速くより弱く」発音されている。その影響を受け、教科書的発音では would の d が残っているのに対しナチュラル音

声には d の音はない。こんな些細なことが原因で聞き取れなくなる。原因がわかれば消える語尾の d の発音練習が大切なことに気がつくだろう。

2　発音練習をするときの注意点

●精聴する

　発音練習をする前にもう一度丁寧に聞いてみよう。日本人は音声よりも文字を重視する傾向があり、文字を見ていきなり発音練習を開始すると文字を読もうとする。それも記憶にある音を引っ張り出して読むので自己流を上書きする行為になってしまう。例えば different という文字を見ると different と発音しようとする。それのどこが悪いのか。音をよ〜く聞くと実際は differnt という発音であったりする。student は student と発音する人もいるが studnt と発音する人の方が多い。family は famly、curtain は curtn……などなど。音の先入観をなくして音を丁寧に聞こう。

●発音を真似る

　ここから身体を用いたトレーニングになる。まずセンテンス全体を真似る。できるだけ速度も同じ抑揚も同じように。強い所は強く弱い所は弱く真似る。とはいえ、ナチュラル音声をすぐ真似られるかというと、そんなことができる人はまずいない。そこで5段階音声を用いる。オリジナルの速度ではわからなかった音の変化や、微妙な違いがゆっくり音声ならばわかることがある。最初はゆっくり音声を用いて練習を繰り返し、上達するに従って速度を上げていこう。いきなり早い音声を真似ようとするとめちゃめちゃになるので、より遅い速度の音声を用いる。再生すると 10% ずつ速度が低下してくるので、自分に適した速度を見つけよう。そしてその速度で練習をして、できるなら次第に速度を上げていく。ゆっくり音声を用いるとオリジナルの速度ではわからなかった音の変化や、微妙な違いが見えることがある。練習速度を上げていくと言っても 100% の速度で真似るのは至難の業で、今までの経験から日本人の場合、80% ぐらいの速度が限界ではないかと思う。80% でも十分速いので、速くすると言っても常に 100% を目指す必要はない。また5段階音声は速度が遅くなるに

つれ音質が劣化していくが、練習用と考えお許しいただきたい。

●センテンス全体を真似るがポイントは谷間

　ポイントとなるのはテーマの箇所である。例えば gonna がテーマであれば、効率を考えて gonna の部分のみ練習しようとしないこと。それでは流れるセンテンスの中にある gonna を意識しにくい。また部分の練習だけでは飽きがくる。

トレーニングをするにあたって

　発音を真似る注意点はもうひとつ。発音練習は「ネイティブのような発音になることを目指すものではない」ということである。理由は目標が高すぎること、そしておそらく不可能であること。真似るのはあくまでも細かな音の違いに気がつくための練習である。とはいえ真似ていると確実に発音は上達するのでやるだけの価値はある。

　トレーニングの解説はナチュラル音声リスニングが苦手なコスモちゃん 😊 と先生 😎 の掛け合いになっている。アスタリスクになっている部分も解説を読めば解読できることもある。リスニングの参考にしてほしい。もちろんアスタリスクを文字に直した解答編も掲載しているので、解読できない場合は解答部分を見てほしい。

　ひとつのテーマの練習が終わるとすぐにクイズがあり、あるまとまったテーマが終わると小テストを実施する。このクイズや小テストも練習の一環と考えてほしい。

成果を急がない

　じっくり練習を繰り返すこと。短い時間でいいので毎日練習したい。少しぐらい練習したぐらいでは、いきなり大きな成果は望めない。語学は「学習」ではなく「訓練」である。筋トレで身体の造りを変えるのと同じ感覚。トレーニングは、口語特有のリダクションと談話標識、機能語、そしてストレスのこない内容語の順に行っていく。

必須リダクション

　本来ある音が脱落する、あるいは弱くなることをリダクションと言うが、口語英語には必須というべきリダクションのパターンがある。そのまま音の塊として丸ごと覚えてきたい。練習するのは次の8種類である。

🖐️👂 **gonna** (going to)

🖐️👂 **wanna** (want to)

🖐️👂 **gotta** (got to / have got to)

🖐️👂 **outta** (out of)

🖐️👂 **hafta** (have to)

🖐️👂 **hasta** (has to)

🖐️👂 **hadda** (had to)

🖐️👂 **kinda / sorta** (kind of / sort of)

going go は gonna に

gonna

1 **** **** ** think *'* ***** ** do?　0014
彼は私が何をすると考えているのかな。　0015
　0016

これって gonna と言っていますか？

言ってないね。これはリダクションしない珍しい例。I'm going to the bathroom. の going to と勘違いしないでね。まれに、この現在進行形の going to と be going to do を勘違いすることがあるから。

は～い。でも going to の部分より what does he のほうが難しい。

そうだね。でもそれは後で練習するからまず gonna に的を絞りましょう。ところでストレスの場所をちゃんと意識しているかな？

2 *'* ***** get ** stuff.　0017
荷物を取ってくるよ。　0018
　0019

これは gonna と聞こえます。

典型的なリダクションだね。gonna の a は schwa と呼ばれる弱い母音 /ə/。schwa については 56 ページのコラムを参照しよう。

3 *'* ***** go ** *** bathroom.　0020
トイレに行ってくる。　0021
　0022

これも gonna とは聞こえません。

gonna のリダクションがさらに進み最後の na しか残っていないね。

なるほどそれが I'm とくっついて I'mna となっているんだ。同じ

gonna でも発音のパターンがいろいろあるんですね。

ちなみに I'mna は約 0.2 秒。このレベルになると聞き取れない日本人が増えてくるよ。でも映画などでは頻繁に登場するからしっかり練習をしておこう。

4 ＊'＊ ＊＊＊＊＊ **come** ＊＊＊＊ ＊＊＊.

一緒に行くよ。

0023
0024
0025

何言っているか全然わかりません！

主語が省略されているんだ。主語がないとして聞いてごらん。

あ、聞こえた……かも。でもこれが gonna ですか？

ここまで崩れると日本人にはきついけど練習しておこう。

Listening Quiz

（解答と訳は p.220）

ディクテーションをやってみましょう。

❶ ＊'＊ ＊＊＊＊＊ **wait** ＊＊＊＊ **after** ＊＊ **order.**　　0026 0027 0028

❷ ＊＊＊ ＊＊＊ ＊＊ ＊＊＊＊＊ **do that?**　　0029 0030 0031

❸ Well, ＊＊＊ ＊＊＊ ＊＊＊＊＊ **be able to do** ＊＊＊＊?　　0032 0033 0034

❹ ＊＊＊ ＊＊＊＊ ＊＊ **that** ＊＊＊＊＊ **cost** ＊＊?　　0035 0036 0037

❺ ＊＊＊＊ ＊＊ **just** ＊＊＊＊＊ **take** ＊ **minute.**　　0038 0039 0040

●例文のディクテーション解答

1 What does he think I'm going to do?　**2** I'm gonna get my stuff.

3 I'm gonna go to the bathroom.　**4** I'm gonna come with you.

👂 want to は wanna に

wanna

1 * ****'* ***** make *** sick.

0041
0042
0043

彼をうんざりさせたくなかった。

👩 教科書的な発音では didn't wanna make sick とすべての内容語にストレスがきていますね？

🧑 それがナチュラルになると？

👩 wanna のストレスが弱まっているような。

🧑 そうだね。ついでだけど didn't の語尾の処理に注意しようね。91ページのコラム「破裂音」を参照してみて。

2 **** ****** ***** watch TV?

0044
0045
0046

誰かテレビ見たい人いる？

👩 え、watch TV しか聞こえません。

🧑 watch 直前の音に耳を澄ませてごらん。一般的な wanna だよ。最初の does も難しいけど、それは別項（96 ページ）で取り上げるから。

3 * ***'* **** * boyfriend *** **** that.

0047
0048
0049

そんなことをする彼氏なんていらない。

👩 wanna と聞こえましたけど、文字を見ると want a ですね。同じ発音ですね、どうやって見分けるんですか？

🧑 音だけではまず無理かな。後に続くのが名詞か動詞かの違いがあるから意味としては混乱しないと思う。動詞でも名詞でも成り立つ I

42

wanna refill / rematch. I want a refill / rematch. のようなケース
が考えられなくはないが混乱することはまずないので心配はいらな
いよ。慣れるから。

4 * **** ****** ** see *** *** ****.

君がどうしているのか知りたかったよ。

0050
0051
0052

wanted to と過去形になったものだけどわかったかな。want to と
間違える人が多い。

want to の場合は wanna と発音する人が多いのですよね。とすると
want to と聞こえたら過去形の可能性が高いと考えていいですか？

というと want to と聞こえたのかな？　そういう方法もありかも
しれないけど、wanted の語尾の処理の仕方をしっかりと覚えると
wanted to と聞こえるようになるから。

まさにその語尾の部分が難しいです。

語尾は 91 ページのコラム「破裂音」を参照にして練習しよう。

‖ Listening Quiz

（解答と訳は p.220）

ディクテーションをやってみましょう。

❶ *** would ** ***** be involved?　　0053 0054 0055

❷ ***** fill ** ** ** the joke?　　0056 0057 0058

❸ Don't you ***** talk ** ** about **?　　0059 0060 0061

❹ Do *** ***** buy ** * drink?　　0062 0063 0064

❺ *** **** the one that ****** ** leave *** out there.　　0065 0066 0067

●例文のディクテーション解答

1 I didn't wanna make him sick.　　**2** Does anyone wanna watch TV?

3 I don't want a boyfriend who does that.　　**4** I just wanted to see how you were.

👂 got to / have got to は gotta に

gotta

1 * guess * ***** do **** *** tell **.

君の言う通りにしなければいけないみたいだね。

0068
0069
0070

😊 典型的なリダクションだよ。gotta の t は d の音に近くなり、a は schwa と呼ばれる弱い母音 / ə / の音。

🙂 gotta って何の略ですか?

😊 got to もしくは have got to が短くなったもの。「〜しなければならない」のような意味を持つ。注意が必要なのは get to the station「〜に到着する」、get to know each other「〜する機会を得る」などの get to が過去形になった got to と混同してしまうこと。「〜しなければならない」の gotta はいつもリダクションされるわけでなく got to と発音される場合もあるので見極めが紛らわしい。

🙂 う、むずかしそう。

2 Look, ***'** *** ** go ** * doctor!

病院に行かなくちゃダメだよ。

0071
0072
0073

🙂 You've got go の部分がもそもそと聞こえます。

😊 リダクションとわかって待ち構えていても聞き取りにくいね。でもこれは慣れだから、何度も発音練習をして身体で覚えて。

🙂 は〜い。

3 Okay, ***** ** ! Wish ** luck!

じゃあ行くね。うまくいくよう祈ってて。

0074
0075
0076

👩 主語が省略されていますか？

🧑‍🦰 よくわかったね。I は省略されやすいかも。gotta go は「出かける」「電話を切る」「トイレに行く」など場面に応じて日本語の意味が変化するため、映画などをたくさん見て状況ごとに覚えて。

👩 gotta go だけで「トイレに行く」という意味になるのですか？

🧑‍🦰 状況次第。子どもがモジモジしながら言うなど、状況がトイレを示していればね

---

4 * *** ** sit ** ** *** meeting **** ** boss.
上司と会議に出席しなければならない。

0077
0078
0079

🧑‍🦰 さて、これは gotta とリダクションが起こらず go(t) to と2語のままになっているから聞き取りやすいかと思う。難しいのは got to の意味だね。

👩 「〜しなければならない」ではないのですか？

🧑‍🦰 「〜する機会を得た」の意味にもなりえるので、こういう場合は文脈が必要になるね。

Listening Quiz

（解答と訳は p.220）

ディクテーションをやってみましょう。

❶ *****'* something I've ***** tell you.　0080 0081 0082

❷ * ***** admit, ** ***** ** worth it.　0083 0084 0085

❸ *** ***** let ** get a picture.　0086 0087 0088

❹ *** ***** just do what * ***.　0089 0090 0091

❺ * ***** do what * ***** do.　0092 0093 0094

●例文のディクテーション解答
1 I guess I gotta do what you tell me.　**2** Look, you've got to go to a doctor!
3 Okay, gotta go! Wish me luck!　**4** I got to sit in on the meeting with my boss.

✋ out of は outta に

outta

1 *'* bored ***** ** mind.

0095
0096
0097

退屈でたまらないよ。

😎 out of のリダクションはよく耳にするから大事だよ。

😊 例によって outta の t は d の音に近くなり a は schwa と呼ばれる弱い母音（弱母音）/ ə / ですね。ところで「〜でたまらない」という日本語は out of mind からくるのですか？

😎「気がおかしくなるほど退屈」ということだから。bored の代わりに drunk にすると「すごく酔っている」というように強調できるよ。

2 *'* sorry **** things *** ***** hand tonight.

0098
0099
0100

今夜は荒れてしまって申し訳ない。

😊 ナチュラルだと何言っているのか全然わかりません (; ∀ ;)

😎 確かに難しいね。5 段階音声を使って正確に真似る練習をしてみて。

😊 get out of hand は手に負えなくなるというイディオムですか？

😎 そうだね。手の外に出る、という感じで日本語とも発想が似ているね。

3 Well, ** ** makes *** feel *** better, * made * fool *** ** myself.

0101
0102
0103

慰めになるかどうかわからないけど、僕も笑いものになったよ。

😊 outta の部分はわかりましたけど文が長くて難しいです。

😎 それは同意。文が長くなると別の意味で難しさが増すね。でもとり

あえず outta が聞き取れただけで良しとしようか。ここの out of は of の原型を若干とどめている感じ。ちなみに make a fool out of oneself は「笑いものになる」とか「恥をかく」などの意味ね。

3 Why don't **** **** jump *** ** ** airplane?!
飛行機から飛び出せばいいじゃないか。

0104
0105
0106

もしかするとこれも outta というより弱い out of ですか？

そうだね。of の後に母音が続く場合は of の f が v の音になり、それが母音と結合した発音になる。out of an の部分が / άʊṭəvən / のように連続しているね。

（解答と訳は p.220）

Listening Quiz

ディクテーションをやってみましょう。

❶ Let's **** *** *** ***** that.　0107 0108 0109

❷ ** *** **** *** beers? **'** ***** beers.　0110 0111 0112

❸ *** *** ** have to rush *** ** ***** so fast?!　0113 0114 0115

❹ *** * *** more than *** ***** *** ** you?　0116 0117 0118

❺ **'** ***** here!　0119 0120 0121

●例文のディクテーション解答

1 I'm bored outta my mind.　2 I'm sorry that things got outta hand tonight.

3 Well, if it makes you feel any better, I made a fool out of myself.

4 Why don't they just jump out of an airplane?!

✋ have to は hafta に

hafta

1 *'* ***** **** ** give him up.

0122
0123
0124

彼のことはあきらめよう。

😊 最初から最後まで何言ってるのか全然わかりません！

😎 最初は I'm gonna だよ。I は省略されているけど。でもね、これ gonna のクイズで使ったのと同じ音声だよ。

😊 が〜ん！

😎 ほらほら落ち込まない。一度練習してすぐに習得できるなら誰も苦労しないから。

😊 そりゃそうですよね！

😎 立ち直りはや！　have to だけでなく gonna の部分も練習しよ。そしてできれば give him up の部分も。him のパターンは後で練習するけど him の h が発音されずに give に連続しているから注意して。

2 *** **** ** tell her!

0125
0126
0127

彼女に伝えて！

😊 速い！　tell しか聞こえない。

😎 her の h は消えるけどその練習はまた後で登場するからとりあえず忘れて。have to の部分に集中。

😊 have to はどう発音されているのですか？

😎 v と f は基本同じ発音で有声か無声かの違い。だから v の音が f で発音されたり f の音が v と発音される場合もある。この場合は v が f になったと考えよう。

😊 だから hafta か……。

3 *** **** ** **get rid of it!**
それを捨てなさい。

0128
0129
0130

😀 聞き取れた！

🤓 よかった。

😀 もしかして簡単な例だったとか？　先生、get rid of の意味がわかりません。

🤓「〜を取り除く」だね。

3 *** ***'* **** ** **go.**
行く必要はないよ。

0131
0132
0133

😀 ん？ go しか聞こえない。

🤓 you don't は？

😀 え、you don't と言ってるんですか？　が〜ん！

🤓 そこは忘れて have to の練習、練習！

（解答と訳は p.220）

🎧 Listening Quiz

ディクテーションをやってみましょう。

❶ *** **** **do you think** ** **** ** ****?　0134 0135 0136

❷ **** *** **don't** **** ** **do it.**　0137 0138 0139

❸ *** **** ** ** **whatever feels right** ** ***.　0140 0141 0142

❹ * **** ** *****, **you're the best person** *** *** ***.　0143 0144 0145

❺ *** ***'* **** ** **** **the money.**　0146 0147 0148

●例文のディクテーション解答

1 I'm gonna have to give him up.　**2** You have to tell her!

3 You have to get rid of it!　**4** You don't have to go

✋? has to は hasta に

hasta

1 **** *** ** ** delivered ** *** ****** by noon tomorrow.

0149
0150
0151

これを明日のお昼までに事務所に届けてくれ。

👧 むず……でも has to の部分は聞き取れました。

🧑‍🦱 そこがポイントだからそれでいいよ。

👧 長いとやっぱり難しいです。単語が所々聞こえるだけ。

🧑‍🦱 has to は本来意識する必要のない場所。聞き流せるようになるために今練習しているわけ。なんだか変な話だけどね。

👧 わかってま～す。

2 *'* *** *** that *** ** *** in front of these people.

0152
0153
0154

その人たちの前に出ていかなくてはいけないのは他でもない私だ。

👧 これも前例と同じで所々単語が聞こえるだけです。でも has to は聞こえました。s の音が強いですね。

🧑‍🦱 s と z は同じ音で無声か有声かの違い。has はゆっくり発音される場合は / həz / とか / hæz / と語尾が z と有声なのだけど、速くなると無声の s に置き換えられ / həs / とか / hæs / に変化。有声より無声のほうが発音しやすいのだろうね。しっかりと発音練習をしておこうね。

3 *** *** ** **** that you're not needy.

0155
0156
0157

あまり物欲しそうだと彼女に思われないこと。

😊 おお、これは聞き取りやすい。

😎 ちょっと耳が慣れたかな？

😊 先生、needy って貧しいとか生活に困っているというような意味ですよね。

😎 基本的にはね。でも文脈によるよ。何かを必要としている、という感じ。ここの例は男女の関係で使われているので、物欲しそうと訳したけど。

😊 なるほど。

4 **Well, if you're doing this *** **, ** *** ** ** right.**
あなたが私のためにやってくれているのだから正しいことだわよね。

0158
0159
0160

😊 これも聞き取りやすいです。has to の部分だけは。

😎 それでいいよ。でも練習は文全体をするんだよ。何度も言うけど。

🎧 Listening Quiz

（解答と訳は p.220）

ディクテーションをやってみましょう。

❶ Okay, ** *** ** be realistic.　　　0161 0162 0163

❷ But ******* *** ** happen until ***'** ready.　　0164 0165 0166

❸ ** *** ** end.　　　0167 0168 0169

❹ She ***** *** ** know, does she?　　0170 0171 0172

❺ Somebody *** ** ***** around here.　　0173 0174 0175

●例文のディクテーション解答

1 This has to be delivered to the office by noon tomorrow.　**2** I'm the one that has to get in front of these people.　**3** She has to know that you're not needy.　**4** Well, if you're doing this for me, it has to be right.

✋❓ had to は hadda に

hadda

1 * *** ** ****** it to the store.

お店に返品しなくてはいけなかった。

0176
0177
0178

👩 これ had to と言ってますか？　何度聞いてもそう聞こえません。

🤓 映画を見ているときに「？」となり、後で確認すると had to だった、ということが多い。had to は難しい。I had が I'd と縮まり、それに to の / ə / のみが連続して / ɑɪdə / となることもあるし、主語が発音されず had to の h が消えて / ədə / となる場合も。意味だけど、had to は「したくはなかったけど、せざるを得なかった」というニュアンスになることが多いからね。

2 * *** ** ** ** three different bookstores.

3 カ所の本屋さんに行くしかなかった。

0179
0180
0181

👩 あれ、これって前例と同じ発音ですね。リズムも同じ。発音をうまく再現できないけど I had to と言ったということはわかります。そうか、こうやってリスニングが上達していくのですね？

🤓 そうだね。慣れないうちは難しくてとてもついていけない発音に思えても、慣れてしまうと崩れた音に普通に反応して、逆に元の正しい発音のことなど気にしなくなるよ。

3 No wonder *** *** ** **** this so many times.

だから彼女はこれを何度も読み返したんだね。

0182
0183
0184

👩 これは主語がはっきり聞こえますね。she の後の had to が一瞬で

hadda ですね。

hadda の最後の a は

schwa の / ə / ですね。no wonder とはどういう意味でしょうか？

単体だと「どうりで、なるほど」という感じだけど、本例のように文章になると「〜なのも当然だ、〜なのも無理はない」ぐらいの意味になるよ。

4 **He broke it. *** ** get *** ** **.**
彼が壊しました。不要でしたから。

0185
0186
0187

主語がない例ですね。

だね。

でも聞き取りやすいです。get rid of がまた出てきました。

意味忘れた？ 不要なものを「取り除く」というイディオム。

そうでした、そうでした。

（解答と訳は p.221）

ʹ ʹ Listening Quiz

ディクテーションをやってみましょう。

❶ Well *** **** she *** ** ***** things over. 　0188 0189 0190

❷ *** *** *** ** ** was buy the card! 　0191 0192 0193

❸ * *** ** **** behind for this. 　0194 0195 0196

❹ Sorry, * *** ** **** a call. Did I miss anything? 　0197 0198 0199

●例文のディクテーション解答

1 I had to return it to the store. 　**2** I had to go to three different bookstores.
3 No wonder she had to read this so many times.
4 He broke it. Had to get rid of it.

🖐️ kind of は kinda に / sort of は sorta に

kinda / sorta

👓 kinda とか sorta の最後の a は of のこと。of が schwa の / ə / のみになり発音をスペルで表したものね。

1 * **** ***** *** **** him last night.
　　昨夜彼とばったり出会いました。

0200
0201
0202

👩 kind of が判別できません。

👓 of は schwa の / ə / のみだからね。of を待っていてもダメだよ。

👩 でも聞き取れません。

👓 そうか。では練習あるのみ。run into... は「偶然〜と出会う」というイディオムです。

2 * **** ** **** the feeling *** *** something **
　　** **** **.
　　あなたがそれに関係しているという気がしなくもありませんが。

0203
0204
0205

👩 もしかして主語が落ちていますか？

👓 落ちてるね。

👩 kinda と聞こえます。これはどういうときに使うのですか？

👓 「〜の種類」「〜の一種」という使い方が本来だけど、会話ではダイレクトな表現を和らげる目的で使うことが多いね。「〜みたいな」とか「言ってみれば」とか。

3 Your business lives for **** **** ** *****.
　　あなたの仕事の収入源はこの手のことでしょ。

0206
0207
0208

54

😊 sort of が sorta になっているのでしょうけど、聞き取れているのか自身ありません。ぎりぎりって感じです。

😎 sort of の前の this が聞き取りにくくしている原因とも思うけど、でもたくさん聞こう。すぐに慣れるから。

4 Well, * ***** *** * stupid thing last night.　　0209
昨夜なんかバカなことやっちゃったみたい。　　　0210
　　　　　　　　　　　　　　　　　　　　　　0211

😊 sort of を最初から sorta と思っておくと聞き取りやすいかも。

😎 聞き取れた？

😊 はい。

（解答と訳は p.221）

🎧 Listening Quiz

ディクテーションをやってみましょう。

❶ **'** **** ** ** *** middle of something.　　0212 0213 0214

❷ Oh, actually * ***** **** *****.　　0215 0216 0217

❸ There's something * ***** **** ** **..　　0218 0219 0220

❹ And ***** **** *** *** receipt back in your pocket.　0221 0222 0223

❺ I mean, **'* **** **** ** quiet since she left.　　0224 0225 0226

●例文のディクテーション解答

1 I just kinda ran into him last night.　**2** I kind of have the feeling you had something to do with it.　**3** Your business lives for this sort of stuff.

4 Well, I sorta did a stupid thing last night.

英語の母音とシュワ (schwa) (((1902

　日本語の母音は方言を除けば「あいうえお」の5種類である。図Aは日本語の母音の発音を示した模式図。実際に発音してみると図の意味がなるほどとわかるのではないだろうか。

図A

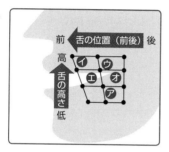

図B

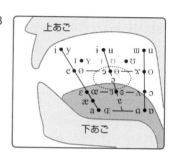

　これが英語になると、なんとも複雑になる。英語には26種類の母音があると言われ、5種類の母音しかない日本語からするとまさに異次元の世界（図B）。しかし音を正確に練習しようとすると日本語の母音で代用するわけにもいかない。できるだけ英語の母音を身につけていきたい。

　英語の母音は26種類あるが、最もよく使われる母音はシュワ (schwa) と呼ばれる母音である。発音記号で書くと /ə/ となる。この記号を図Bで探せるだろうか？　ちょうど真ん中あたりにある。力を抜いて発音するとすべての母音はこのシュワに行きつく。つまり手抜された母音の形がシュワなのである。ストレスがない母音はシュワになることが多いので、シュワを覚えておくと英語の発音がある意味簡単になる。

an・i・mal	/ˈænəməl/
n**u**m・ber	/ˈnʌmbər/
ba・**na**・na	/bəˈnæːnə/
sci・ence	/ˈsaɪəns/

　ボールド体の母音にアクセントがあるが、それ以外の母音に対応する発音記号を見てほしい。すべて /ə/ になっている。この部分を文字通りに a や e で発音すると日本語っぽくなってしまう。シュワというこのぼやけた母音が英語らしい英語に近づくためのポイント。発音練習を通してぜひ身につけてほしい。当然リスニングにも好影響を与えること間違いなし。

2

談話標識

　談話標識とは聞きなれない表現であるが、相手の注意をひきつけたり、話と話をつなぐために挿入したりするもので、日本語の「えーと」「だから」「あの～」のようなものに相当する。前もって用意された原稿を読むのではない限り、次の言葉がすぐに浮かばないことがある。次の言葉が浮かぶまでの時間を談話標識で埋めていく。会話の潤滑剤のようなもの。よってその場で考えながら進む会話やインタビューなどに多くなる。発音がおざなりになり「モゾモゾ」と聞こえやすい。

👂 like / I mean

👂 you know / well

👂 um / uh

👂 now / you know what

👂 you know what I + 動詞

👂 look / listen

👂 oh / so...

like / I mean

1 ** talked 'til **** ***.

0227
0228
0229

２時ぐらいまで話し合ったよ。

👩 like の意味がピンときません。

🧑‍🦱 特に意味ないよ。口癖と思えばいい。本人も使っていることを意識していない場合が多いし。「〜のような」という意味を当てはめてもOKの場合もあるけど、次にくる単語を強調するケースもあるよ。like の後の two に思い切りストレスがあるよね。

👩 ホントだ。

2 ****'* ** **** totally speak to you?

0230
0231
0232

その本、すごくない？

🧑‍🦱 like は若い人に多くみられる使い方で、談話標識の中では断トツで頻度が高い。カリフォルニア州立大学の学生を対象とした調査では17 秒に１回の割合で登場するらしい。

👩 そんなに！　いちいち反応していたら疲れますね。

🧑‍🦱 だから無視できるようになろう。

👩 先生、この like も次の単語を強めていますか？

🧑‍🦱 そう言われればそうだね。

👩 ところで先生、speak to がなぜ「すごい」なのですか？

🧑‍🦱 「人や心などに訴える」ことから少し意訳。

3 Of course *** ***. * ****, if you have enough money. 0233 0234 0235

もちろん君にできるよ。お金があればの話だけどね。

I mean の基本的な役割は、相手にこちらの意図が伝わりきってないなと感じたときに追加で情報を渡すこと。

速いけどなんとか聞き取れました。

4 No you're not. * ****, it was a total shocker. 0236 0237 0238

そうじゃないわ。ショックが大きかっただけ。

I mean があると知っているから聞き取れたけど、突然出てきたら聞き取れる自信ありません。

そうだね。でも映画などではもっと弱くなることもあるからね。でも不思議なもので慣れるとどんなに速くても、どんなにテキトーに発音されてもキャッチできるよ。

早くそうなりたいなあ〜。

Listening Quiz

（解答と訳は p.221）

ディクテーションをやってみましょう。

1 * ****, ** **** shouldn't be together right now. 0239 0240 0241

2 * **** ** ***** her entire future isn't blown. 0242 0243 0244

3 How many flyers **** *** ******** **** passed out? 0245 0246 0247

4 * *** ****, "Why do I need it?" 0248 0249 0250

5 Are, are you okay? * ****, ** *** **** me to stay? 0251 0252 0253

●例文のディクテーション解答

1 We talked 'til like two.　**2** Didn't it like totally speak to you?
3 Of course you can. I mean, if you have enough money.
4 No you're not. I mean, it was a total shocker.

you know / well

1 *** ****, ***** it was his daughter's.

0254
0255
0256

おそらくそれは彼の娘さんのものではないかと。

you know の役割は、相手に共感してほしい、あるいは耳を傾けて
ほしいというときの表現。you は ya と弱くなる。you know には
なぜか maybe がついてくることが多い。

なぜですか？

なぜだろうね。

2 Well *****, *** ****, ***** we should stay for
one song.

0257
0258
0259

そうだなあ、一曲聞いてから帰ろうか。

あ、これにも maybe がついてる。2 個も。気持ちがまだ固まって
いないのが伝わってきます。でも音的にはそんなに難しくないです。
こういうのをあまり使わないようにって習いましたけどそうなので
すか？

あまり使われると疲れるかも。でも「良心的な人ほど使う傾向があ
る」という研究もあるからね。だから一概には。

へ〜え。

3 ****, **** ** much better.

0260
0261
0262

こっちのほうが全然いいよ。

でた！　談話標識の王様 well！

聞き取れた？

そ、それが……well の w ぐらいしか聞こえません。

一瞬の発音だものね。慣れないとまず well だと思わない。こういう well は次の単語とくっついて別の単語に聞こえることがあるから侮れないよ。

4 ****, ***'* *** **there were six runners.**

ランナーが6人だったとしよう。

0263
0264
0265

これはわかりやすいです。

みんなこんな発音だと苦労しないのだけどね。well を well だと認識できないと、信じられないかもしれないけれども、人によっては well, let's say を honestly と間違ったりすることも。well も1シラブル持っているからね。ちなみに let's say は「たとえば～だとしましょう」という意味。let's say は s が続くからひとつの s として発音されるよ。

Listening Quiz

（解答と訳は p.221）

ディクテーションをやってみましょう。

❶ As a matter of fact, *** ****, ***** ** ****'* mean to do it.　0266 0267 0268

❷ ****, **** *** *** find out?　0269 0270 0271

❸ *** ****, ***** *** *** she'll actually know your name.　0272 0273 0274

❹ ****, ***** *** ****** **** *** something.　0275 0276 0277

❺ **** * **** ** *** in on this.　0278 0279 0280

●例文のディクテーション解答

1 You know, maybe it was his daughter's.　**2** Well maybe, you know, maybe we should stay for one song.　**3** Well, this is much better.　**4** Well, let's say there were six runners.

uh / um

1 **, ****'* *** up for discussion.

0281
0282
0283

それは取り上げるような話題ではない。

😎 uh は um と同様の働き。わざわざ取り上げるようなものかなとも思うけど、知らない人は知らないので取り上げておくね。

😀 uh とわかって聞いているから簡単に思えるけど、初めて音だけを聞くと別の単語と間違えそう。人称代名詞の I とか。

😎 そうかも。uh を of と間違える人も少なくないからね。

2 ** **, * *** fun tonight.

0284
0285
0286

今夜は楽しかった。

😎 ではもうひとつ。

😟 う～ん uh とは聞こえません。I とくっついてモゾモゾ何だかよくわからない音になっていませんか？

😎 uh も簡単ではないということだね。

3 **, *****'* **** ***** with my parents and my family.

0287
0288
0289

私の両親と家族に関してだけど……。

😎 um は「う～ん」と少し考えているときのつなぎ。一見どうでもいい語に思えるけど、意識的に聞いているとすごくたくさんの人が使っていることに気がつくよ。

👩 um を I'm と間違えることがあります。前後が意味不明になりました。このような意味のない音を軽く聞き流せるようになりたい。

4 **, with that said, **, * ***'* ****.

0290
0291
0292

だから、そういうことで、ええと、よくわからない。

👨 um はもうわかるよね。with that said は「そんなわけで」「とは言っても」あたりの意味で that said とか having said that と同類です。何かの話題が終わって、次に移るときのつなぎの言葉かな。

👩 覚えます。

（解答と訳は p.221）

🎧 Listening Quiz

ディクテーションをやってみましょう。

❶ ** both thought ** ***, **, ****** interesting.　0293 0294 0295

❷ ****, *'* ******** **, tonight at the coffee house.　0296 0297 0298

❸ **, **, **** ** *** ** for a living?　0299 0300 0301

❹ **, ****'* **** * mean by this.　0302 0303 0304

❺ **, **, ****'* **** *** tell you I'm not coming anymore?

0305 0306 0307

●例文のディクテーション解答

1 Uh, that's not up for discussion.　**2** So uh, I had fun tonight.

3 Um, there's this stuff with my parents and my family...

4 So, with that said, um, I don't know.

now / you know what?

1 *** ***'* *** to stay calm.

静かにしていましょう。

0308
0309
0310

now もよく耳にします。でもここの now はぜんぜん聞き取れません。

そうだね。だからこそ練習しておこう。now にはいろいろな用法があるけど「今」という意味をもたず、話しの流れを整えるための使い方もある。離れてしまった話題を引き戻すようなニュアンス。

引き戻す……

そう。映画などを見てそういう場面を目撃すると納得できるよ。

2 *** *****'* ********* called glottal stops.

声門閉鎖音というものがあります。

0311
0312
0313

うわ、この now もむずい。there's も something も難しい！

there's とか something はまた後で取り上げるけど、のんびりとした now のイメージだと聞き取れないから一瞬の now の発音を覚えておこう。ついでに glottal stops とは破裂音でよく起きる現象ね。91 ページのコラム「破裂音」を参照して。

3 *** **** ****? * ******* my mind.

あのね、考えを改めたから。

0314
0315
0316

you know what? って何ですか？

次に続く文に注意を引き付けること。本例では I changed my mind. が聞いてほしい内容で、you know what は相手の意識をそ

れに引き付けている。日本語だと「ねえ聞いて」とか「あのね」みたいなものに相当すると考えると比較的近いかも。you know what? と言われると、黙って相手に耳を傾けるか、what? と返す。すると相手は続きを話しだすよ。

🙂 何か聞かれたのかと思って、「知らない」って返事しそう。

🤓 you know what? と言った人に I don't know. と返すと会話途切れるよ。

🙂 what? って返せばいいんですね。

---

4 *** **** ****? *'** overstayed my welcome.

長居しすぎたかな。

0317
0318
0319

🙂 you know what はもう聞き取れそうです。

🤓 よかった。映画などではいっぱい出てくるからね。それほど重要な表現でもないので、速いときには本当に力を抜いて発話されるから一瞬で終わることがある。

（解答と訳は p.222）

Listening Quiz

ディクテーションをやってみましょう。

❶ *** ****'* the way I figured it.　　0320 0321 0322

❷ ****, *** **** ****? I have no idea.　　0323 0324 0325

❸ *** **** ****, that's it, that's it.　　0326 0327 0328

❹ Alright, *** **** ****? That's it. You've had your chance.

0329 0330 0331

❺ *** ** *** be together.　　0332 0333 0334

●例文のディクテーション解答

1 Now let's try to stay calm.　　**2** Now there's something called glottal stops.

3 You know what? I changed my mind.

4 You know what? I've overstayed my welcome.

you know what I + 動詞

1 *** **** **** * ****?

0335
0336
0337

意味わかるよね？

👓 you know what? と似ているけど別物ね。これは相手がちゃんとわ
かってくれているのかどうかを確認する表現だから。この手の表現
多いよ。

🧑 最初は速いと思ったけど、何度か練習するとあまり速さを感じなく
なってきました。

👓 その調子。

2 *** **** **** *'* ******* about.

0338
0339
0340

僕の話していることわかるよね？

🧑 what I'm の流れが難しいです。

👓 what I のつながりに引っかかる人が少なくないよ。だからここで
取り上げているのだけど、音の変化を少し勉強すればこれはそんな
に難しいパターンでもないかな。what の t は d の音に近くなり、
m はしっかりと口をつむいで発音すると元の音に近くなると思う。
what I とか what I'm のパターンはよく使われるので押さえておき
たいね。

3 *** **** **** *'* ***** **? I just decided.

0341
0342
0343

私が何するかわかります？　いま決めました。

（顔）gonna との合わせ技だ。what I'm も聞き取れました！　さきほど練習したからですね。まったく同じ音だから聞き取ろうとしなくても耳に入ってきました。

（顔）よかった。

4 **But ** *** **** **** * **?**

0344
0345
0346

私はどうすると思う？

（顔）どうだろ。似たようなパターンだけど。今までのパターンとほぼ同じだから but のみを残してアスタリスクにしたのだけど。

（顔）クイズみたいですね。でもちゃんとできました。do you know の部分が速くて一瞬まごつきましたけど、そこも大丈夫でした。

（顔）じゃあ、クイズを少し増やしておくね。

Listening Quiz

（解答と訳は p.222）

ディクテーションをやってみましょう。

1 *** **** **** * ****. Now he's gonna think we're together.

0347 0348 0349

2 So *** **** **** *'* ******* about, right?

0350 0351 0352

3 Do *** **** **** *'* ******?

0353 0354 0355

4 The only problem might be getting a little too friendly, if *** **** **** * ****.

0356 0357 0358

5 It's almost. *** **** **** *'* ***** **, though.

0359 0360 0361

6 *** **** **** * ** all day?

0362 0363 0364

●例文のディクテーション解答

1 You know what I mean?　**2** You know what I'm talking about.

3 You know what I'm gonna do? I just decided.　**4** But do you know what I do?

注意をひきつける
look / listen

1 ****, ***'* blame **. You guys coulda been there, *** ****.

0365
0366
0367

あのね、私たちのせいじゃないから。その気になれば君たちだってこれたじゃないか。

👓 look と聞くと反射的に「見ろ」の意味だと思う人いるけど、そんな具体的な意味は含まれていない場合が多いからね。

👩 相手の注意を引き付けるだけ？

👓 そんなところ。「見ろ」と理解しても違和感ない場合もあるけど。

2 ****, ****, **** ** probably for the best.

0368
0369
0370

あの、これが最善だと思う。

👩 う。この look も難しい。

👓 一瞬だからね。でもあきらめない。look の頻度高いから。発音というより、この一瞬の感覚を練習するといいと思う。

👩 は〜い。ところで this is も一瞬で発音練習が難しいです。

👓 this is も馬鹿にできないよね。

3 ****** **, ***** we could get together later?

0371
0372
0373

後で食事でもどうかしら？

👩 look と同じでこの listen に「聞いて」というような具体的な意味は含まれていないのですね？

👓 「聞いて」と理解してかまわないけど、相手の注意を引き付けるための表現と思っておくほうがいいかな。

😊 get together とは何でしょうか？

😎 誘うときの表現。食事したり、相談したり、デートしたり、と要するに一緒に集まること。

4 ******, **** *** really great.

0374
0375
0376

だからね、みんなすごいよ

😊 これは簡単です！　みんなこんな発音してくれるといいのに。

😎 そうなるとリスニングに苦労しなくなりそうだね。その分単調になると思うから、やっぱりいろいろと崩れているほうが面白いよ。

😊 そういう考え方もあるのかあ。でもなんとなく納得です。バラエティー豊かなほうが楽しいですもんね

（解答と訳は p.222）

📻 Listening Quiz

ディクテーションをやってみましょう。

❶ ******, *** *** ******* me that you won't tell her though?

0377　0378　0379

❷ ****, *'* ****** * *** luncheon on Sunday.

0380　0381　0382

❸ ****, for whatever it's worth, * ****'* steal those drugs.

0383　0384　0385

❹ **, ****** *** ****. I have this friend at the office
who's quitting tomorrow.

0386　0387　0388

❺ ****, ** *** **** need anyone to talk to... give me a call.

0389　0390　0391

●例文のディクテーション解答

1 Look, don't blame us. You guys coulda been there, you know.　　**2** Okay, look, this is probably for the best.　**3** Listen uh, maybe we could get together later?
4 Listen, they are really great.

✋🔊 二重母音って何？

oh / so

1 **, ** **** right?

お、そうなの？

0392
0393
0394

😀 う。oh なんて簡単だと思っていたけど。

🤓 普通は文頭にくるからそんなに難しくないよね。

😀 難しいです。一瞬 own に聞こえました。こんなところに own はおかしいと思って違うことに気が付きましたけど。

🤓 なるほど。oh はオーと伸ばさないで / óʊ / だから own と聞こえたのかも。

😀 そうか。それと is が何気に難しいんですけど。

🤓 is は別途取り上げるから。

2 **, *** *** on!

お、彼を電話に出して。

0395
0396
0397

😀 お、これは簡単。でも聞き取れたのは Oh だけ。それ以外はちんぷんかんぷん。

🤓 him だね。また後で取り上げるよ。

😀 put him on って電話に出るって意味ですか？

🤓 put him on the phone の略かな。文脈によって on の後にくるものが異なるからその場合は違う意味にもなるけど。

3 Hi! My boss let me off early, ** * **** the train.

上司が早く帰っていいって。だから電車に乗った。

0398
0399
0400

😎 接続詞としての so の用法のひとつは結論を述べること。「〜なので」「〜だから」的な使い方。

👧 so は「ソー」でなくて「ソウ」って発音であってますか？

😎 二重母音だからね。/ sóʊ /。go も「ゴー」ではなくて / góʊ /。最後のウが大切。よく気がついたね。ここの so は一瞬なのに。

---

4 ** **** ** ** get around that?　　0401
で、どうやってそれを回避する？　　0402
　　0403

😎 接続詞としての so のもうひとつの用法は話題を転換すること。話していた話題を別の話題に切り替えたり、話が途切れ気まずい沈黙を破ってふたたび話を始めるときにも使える。

👧 ここの so も速いけど聞き取りには問題なさそう。教科書的な発音とナチュラルではリズムが全然違いますね。

⏸ ▶ Listening Quiz

（解答と訳は p.222）

ディクテーションをやってみましょう。

❶ **, *** ****, we're not doing that. Okay?　　0404 0405 0406

❷ ** *** **** saying?　　0407 0408 0409

❸ **, **** ***** ** be interesting.　　0410 0411 0412

❹ ** ** **** *** *** down for a nap.　　0413 0414 0415

❺ ** **** *** called her yet?　　0416 0417 0418

●例文のディクテーション解答

1 Oh, is that right?.　　**2** Oh, put him on!
3 Hi! My boss let me off early, so I took the train.
4 So how do we get around that?

シラブルが飛ぶ！

((・ 1903

　3拍子の音楽は3拍子で演奏されるべきで、もし拍子が狂うと元の音楽とは別物になる。英語にも同じことが言える。3シラブルの単語は3シラブルで発音されるべきで、3シラブルを2シラブルで発音されると元の単語を認識できなくなる。ところがナチュラル速度の英語では、単語レベルでも文レベルでも、シラブルが飛ぶことはそんなに珍しいことではない。例を見てみよう。

- curtain →　curtn　（2シラブルが1シラブルに）
- Excuse me → scuse me　（3シラブルが2シラブルに）
- mountain →　mountn　（2シラブルが1シラブルに）
- Manhattan →　Manhattn　（3シラブルが2シラブルに）
- already →　alrdy　（3シラブルが2シラブルに）
- probably → probly　（3シラブルが2シラブルに）
- you're → your　（2シラブルが1シラブルに）

　シラブルが飛ぶとリズムが変わりそれだけ聞き取りにくくなる。対策としては飛んだシラブルでのリズムを事前に練習して本番に備えることである。
　上の単語が文章に使われた例を見よう。

① She probably won't be that long, right?

　彼女はそんなに長い時間かからないよね？

② If you're new to my channel, click subscribe and don't forget the notification button.

　私のチャンネルに初めて起こしの方はサブスクライブをクリックして、通知ボタンをチェックするのを忘れないで。

③ I haven't left Manhattan in ten years.

　10年間、マンハッタンから出ていない。

　文章の中にシラブルの減少が起きていると認識が難しい。たくさん聞いて慣れていこう。

🎧 小テスト 1

👤 じゃあこのあたりで小テストをやってみようか。Chloe Moretz のインタビューだよ

👩 ということは談話標識がいっぱい出てきますね。

👤 どうかな。談話標識をいっぱい使うということは考えをまとめるのが上手でないと言っているようなものでクロエさんに失礼。

👩 あ、そんな意味では……失礼いたしました。

👤 ふふ。必須リダクション１も空欄になっているからね。Good luck!

👩 がんばります！

🎤 Chloe Moretz   ((0419

Yeah, (* ****), (*** ****), we didn't have time to—rehearsal time together. We (**** **) just, (*** ****), went up on set and did it. And I feel like...(*** ****), I think, (**), what was so special about the relationship that, that we all (**** **) talked about, I guess, is the fact that, (**), Robert is the only guy that doesn't check her out up and up and down the minute she walks in a room. He's, (*** ****), he's the only guy that actually asks her how she is, how's she doing, how's her day. (*** **** **** * ****?) And they have real conversations, even if it's just like, (*** ****), how's your book. And it, (**), that means more to her than, than anything, and (**) I think, (**), her demeanor obviously (**** **) took that on, in the fact that she didn't feel like she (*** **), (*** ****), put herself on.

出典：『英語シャドーイング 映画スター編 Vol.1』（p.146 コスモピア刊）

✏ Chloe Moretz ((0419

Yeah, (**I mean**), (**you know**), we didn't have time to—rehearsal time together. We (**kind of**) just, (**you know**), went up on set and did it. And I feel like... (**you know**), I think, (**uh**), what was so special about the relationship that, that we all (**kind of**) talked about, I guess, is the fact that, (**um**), Robert is the only guy that doesn't check her out up and up and down the minute she walks in a room. He's, (**you know**), he's the only guy that actually asks her how she is, how's she doing, how's her day. (**You know what I mean?**) And they have real conversations, even if it's just like, (**you know**), how's your book. And it, (**uh**), that means more to her than, than anything, and (**so**) I think, (**uh**), her demeanor obviously (**kind of**) took that on, in the fact that she didn't feel like she (**had to**), (**you know**), put herself on.

🙂 どうだった？

😊 アスタリスクのところだけ聞こうとしても難しいですね。一瞬で通り過ぎてどこを話しているのか見失います。

🙂 そうだね。空欄資料を参考にしながら全体をディクテーションするほうがやりやすいと思う。結果についてはどう？

😊 uh や you know、kind of が意外に多いのにびっくり。

🙂 事前に用意された台本を読むのと違って考えながら話すからね。誰だって次の言葉が一瞬で浮かんでくるわけではないし。特に彼らは沈黙を嫌うからつなぎの言葉がどうしても多くなる。

😊 これらのフレーズや語彙を聞き流せるようになれれば楽になりそう。

🙂 そのための練習だからね。聞き取れなくて聞き流すのと、聞き取れているけど聞き流すのでは安心感がまるで違うし。

😊 聞き落した箇所があるからもう一度練習をしておこうっと。

3

代名詞

　人称代名詞には主語として使われる主格、他動詞や前置詞の目的語になる目的格、そして所有を意味する所有格がある。簡単な単語ばかりで今更と思われるかもしれないが、高速会話に乗ると一変する。前後の単語と化学反応を起こしてリスニングを阻害する。本コーナーでは人称ではない代名詞itも加えている。

主格

🖐️👂 I / you / he / she / it / we / they / someone / anyone

目的格

🖐️👂 me / you / him / her / us / them / something / it

所有格

🖐️👂 my / your / his / her / our / their

主格

I / you / he / she / it / we / they / someone / anyone

いまさらって思わないで……

🧑‍🦰 さて、ここからは人称代名詞の練習に入ろう。とはいえ it もあるから必ずしも人称ではないけど、よく使われるから含めておくね。人称代名詞は数が多いから主格、目的格、そして所有格に分類してそれぞれを練習していこう。見た目は同じようなものが多いけど。まず主格ね。

👩 主格とは主語になるものってことですね？

🧑‍🦰 はい、その通り。ではさっそく始めよう。ひとつの代名詞にひとつの例文で紹介していくね。

---

1 * ***** *** ***** have found what you were looking for.

探し物が見つかったようですね。

0420
0421
0422

👩 な、なんだこの I は？「アイ」に聞こえません。

🧑‍🦰 I は本来は二重母音で ai と発音するけど、速くなると a だけの単母音になることも。

👩 まさか I が聞き取れないなんて考えたこともありませんでした。教科書発音と全然違う！

🧑‍🦰 たかが人称代名詞だけど混乱要因になるから馬鹿にできないよ。

---

2 *** **** ** **** ***!

彼女にちゃんと話しなよ。

0423
0424
0425

😊 you はぎりぎり聞き取れます。

🤓 you は強形だと / juː /。/ uː / は伸ばす音。弱くなると / jʊ /。/ ʊ / は一瞬の音。could に見られる音。文字的には yə もしくは y だけ。たとえば Y'know とかね。

😊 スローにするとちゃんと you と言っていますね。不思議。

🤓 ところで have to は大丈夫？　hafta のコーナで取り上げた例文だよ。

😊 はい、ちゃんと聞き取れましたよ。

---

3 **** *** ** **look like?** 　　0426
　　　　　　　　　　　　　　　　　　 0427
彼ってどんな見た目？　　　　　　　　0428

😊 what の w と look like しか聞こえませんが。

🤓 スローにしてごらん。

😊 ええっと、スローでもダメです。

🤓 教科書発音だと what did he で３シラブル、ナチュラルだと wha(t)'di と２シラブル。ひとつ減ってるね。he は / hiː / ではなくて h が落ちて / i /。

😊 それが did とくっつくのか……！

---

4 **** *** **** **we're talking?** 　　0429
　　　　　　　　　　　　　　　　　　　 0430
私たちが連絡取り合ってるって彼女は知っているの？ 0431

😊 ん？　she もきつい。代名詞って難しいですね！

🤓 だね。/ ʃiː / と伸ばさず / ʃi /。does she や is she で始まる疑問文は難しい。was she も did she も難しいけど。

😊 要するに全部？

5 ** *** terrible.

0432
0433
0434

最悪だった。

😊 なんかボソっと言ってる、なんだろと思って文字見たら it was でした。目を疑いましたよ。

😎 こんなのが聞き取れないのはショックだよね。

😊 代名詞、おそるべし。これってわかるようになるものですか？

😎 少し時間はかかると思う。でも慣れると普通の発音にしか聞こえません。

6 *** ** ***** ** the phone last night?

0435
0436
0437

昨夜電話で話したっけ？

😊 ??

😎 どうしたの？

😊 出だしの did we が聞こえなくて……

😎 (di)dwe って感じかな。発音記号だと / dwi /。ゆっくり音声で聞いてごらん。

😊 それにしても did we が一瞬すぎて……（溜息）

😎 速いよね。did we はわずかに 0.13 秒だから。

7 *** **** ***** looking for us?

0438
0439
0440

彼らはまだ我々を探しているのか？

😊 うわ、これも速いなあ。

😎 are は本来 / ɑɚ / だけど / ɚ / のみになり一瞬。/ ɚðəɪ / とひと息で。

😊 still も知っている still と全然違う！

---

8 ******* **** *** to death.

彼は誰かに撲殺された。

0441
0442
0443

😊 これは比較的 OK です。聞き取りやすいのが出てくるとホッとします。

😎 beat him の箇所は？

😊 聞き取れたわけではないけど、him の h が消えているのですよね。

😎 そうですね。him に関しては後で練習します。

---

9 ****** *** * *** ** tea?

誰か、お茶飲みたい人？

0444
0445
0446

😊 一瞬「？」となったけど聞き取れました。any にストレスがあり、one がぐっと短縮された感じ。例えて言うなら anyan みたいに。

😎 そうだね。2 シラブルの単語で前にストレスがくる単語は後ろがしぼむのが多いね。例えば curtain などは curtn みたいに。

---

10 *********'* ******* ***** ** online.

ネット上ではみんなが話題にしています。

0447
0448
0449

😊 聞き取れましたけど、私の知っている everybody とは少し違う感じ。

😎 どういう風に？

😊 every の e ははっきり聞こえますが very の部分がほとんど聞こえてきません。ev と出だしだけ発音していきなり body に移っていませんか？

😎 お、するどいね！　evbody とか ev'body と綴る人もいるぐらいだから間違っていないよ。シラブルで書くと eve-ry-bod-y となるけ

ど、この ry の部分が抜けたんだね。

ちょっと待ってください。となるとシラブルがひとつ減りますよね？

減るね。4 シラブルの単語が 3 シラブルになっている。

シラブルが減るとどうなりますか？

72 ページのコラム「シラブルが飛ぶ！」を読んでみて。

Listening Quiz

（解答と訳は p.222）

ディクテーションをやってみましょう。

1 *** ***** * ****** him to quit?　　0450 0451 0452

2 **** *** ** *** that was so funny?　　0453 0454 0455

3 ****'** closer than ** ***.　　0456 0457 0458

4 * ***** *** **** better in red than blue.　　0459 0460 0461

5 *** *** **** win anything?　　0462 0463 0464

6 **'* ***** ** * problem, isn't it?　　0465 0466 0467

7 ** ** **** *** bases or tops reported?　　0468 0469 0470

8 * *** no idea until ******* **** **.　　0471 0472 0473

9 **'* *** ********* ** *** party could talk about!　　0474 0475 0476

● 例文のディクテーション解答

1 I think you might have found what you were looking for.　**2** You have to tell her!

3 What did he look like?　**4** Does she know we're talking?

5 It was terrible.　**6** Did we speak on the phone last night?

7 Are they still looking for us?　**8** Someone beat him to death.

9 Anyone for a cup of tea?　**10** Everybody's talking about it online.

目的格

me / you / him / her / us / them / something / it

> やさしい単語なのに……

では、ここからは人称代名詞の目的格。人称ではない it もあるけど。

主格の代名詞に思った以上に苦戦したので気を引き締めます。

では、行ってみよう。例によって代名詞ひとつに例文ひとつ！

---

1 *** ** *** *** **some coffee.**
　　コーヒーをお持ちします。

0477
0478
0479

---

let が何気に難しいです。

let me はよく lemme とスペルされることがあるよ。me は / míː /
と伸ばさず / mi /。

---

2 **Is that** ***** **** *** ***?
　　それってうまくいきますか？

0480
0481
0482

前置詞の目的語ですね。主語に用いる you と同じ感覚でいいですか？

ya と短くなっているね。

gonna もあったんですね。文字見るまで気がつきませんでした。あ
れだけ練習したのに……。

そんなの、気にしない、気にしない。

3 **** *** *** **, will you?

私の代わりに彼に電話して。

👓 him の h が消えて im が call とくっつくからね。

🙂 はい。頭で分かっていても callim が call him だと思えなくて。スローだとなんとかついていけます。何気に for me も難しい。

👓 him は頻度高いからぜひモノにしてほしい。

🙂 しっかり練習します。

4 I'll just **** *** ****.

彼女に折り返し電話するよ。

👓 her の h が消える例だよ。

🙂 caller って感じですね。

👓 ca にストレスがきているので ller の部分が特に弱くなっているから発音練習のときに注意して。

5 ** *** ******** ** in our 20s?

20歳台の私たちを覚えている？

🙂 us は聞き取れました。でも in our の部分が文字を見るまでわかりませんでした。教科書発音ではばっちりなのですけど。

👓 inour というようにくっついているから /inɑə/。

🙂 はい、後付けだとわかるのですけど。

6 All right, let's just **** **** where * *** *** '**.

わかった、それらが見える場所に置いておこう。

😊 うひゃあ、them が 2 回出てきていますけど、どちらも難しいですね。

🤓 them は日本人には鬼門だね。これに慣れるまでには相当な時間を必要とすると思う。でもくじけないで。

😊 'em って them の th が省略された発音だと思いますけど、h のない him と言っているようにも聞こえます。

🤓 そうだね。でもそれはネイティブでも同じらしいから今のところ気にしないでおこう。それよりも最初の them は them と聞こえる？

😊 そう言われれば。'em に聞こえます。

---

7 **Let me **** *** *********, Bob.**

　ボブ、話したいことがあるんだ。

0495
0496
0497

😊 something が some しか言っていないような……

🤓 そうだね。some-ng という感じだろうか。最後が少し残ってるね。

😊 こんな発音でよく聞き取れますね、ネイティブの人って。

🤓 崩れた音でも何度も繰り返し聞いていればね。この something を練習して聞き取れる発音のバリエーションを増やしておこう。

---

8 **I'm gonna **** ** ********.**

　落ち着くからね。

0498
0499
0500

😊 聞き取れました。gonna も。でも pull it together とはどういう意味ですか？

🤓 To calm oneself down だから「落ち着く」ってことかな。

😊 そんな意味になるんだ。

（解答と訳は p.223）

Listening Quiz

ディクテーションをやってみましょう。

❶ You **** ** ** help? | 0501 0502 0503

❷ Send *** **. | 0504 0505 0506

❸ I can look in on *** *** ***. | 0507 0508 0509

❹ Surprise ***! Show up at *** ********! | 0510 0511 0512

❺ *** *** **** ** through it? | 0513 0514 0515

❻ * **** **** you weren't here. | 0516 0517 0518

❼ Can I **** *** *********? | 0519 0520 0521

❽ I wonder *** ** **** **. | 0522 0523 0524

●例文のディクテーション解答

1 Let me get you some coffee.　**2** Is that gonna work for you?

3 Call him for me, will you?　**4** I'll just call her back.

5 Do you remember us in our 20s?

6 All right, let's just keep them where I can see 'em.

7 Let me tell you something, Bob.　**8** I'm gonna pull it together.

所有格

my / your / his / her / our / their

たかが人称代名詞、されど人称代名詞

最後は所有格ですね。これも難しそう。そもそも人称代名詞に苦労するなんて考えたこともなかったです。でも注意深く聞くと実は聞き取れてなかったんだなというのがわかって、今までどんなリスニングをしていたんだろうと。

知らない単語とかフレーズは気になるけど、I とか you はね。そんなことに注意する人はまずいないよね。

でもこうしてひとつひとつ眺めていくのって、なんだか覚醒していくようでうれしいです。最初はちょっとショックでしたけど。

よし、では始めよう。

1 **I'm just ******* ** ******.**

0525
0526
0527

友だちを手助けしているだけ

教科書発音と比べるとぼやけた感じですけどなんとか聞き取れました。

my はそれほど苦労する単語とは思わないけど、でも時に聞き取れない my もあったりするからね。油断禁物。

2 ***** **** ******* **still living there?**

0528
0529
0530

ご両親はまだそこにお住まいですか？

所有格ということが頭にあるから聞き取れましたけど、もしいきなり話しかけられたとすると聞き取れたのは parents と living ぐらい

かもしれません。

とりあえずそれだけでも意味は推測できるね。

じっくり聞いてみると are your が弱いですね。

そうだね。your が / jɔː / ではなく / jɚ / と弱くするのがポイント。真似るの難しいと思うけどやってみて。

0531
0532
0533

3 Hey, ***'* *** ***?

彼のお父さんは元気？

ダメです。how と dad だけです。聞き取れたのは。あ、hey も。教科書発音でも how's his の部分がダメでした。

his の h が消えるから、その前が子音で終わる単語であればまず間違いなくくっついてひとかたまりのように発音される。ここは / háʊzɪz / という感じかな。

0534
0535
0536

4 **** ** *** fingernails.

彼女の爪を見て。

これもダメです。聞こえたのは look と fingernails だけ。教科書発音でも？　という感じでした。

h 系は本当に難しいよね。her は / hˈɚː / だけど h がなくなって / ɚ /。

……

ダメ、落ち込んじゃダメ！　練習して数触れるしかないから。練習したからと言っていきなり明日から聞こえるようになるものではないから。

5 Imagine **** *** **** would look like!　0537
0538
私たちの子どもたちが誰に似るか考えてごらんよ。　0539

🙂 what our の部分はどうなっているのでしょうか？

🤓 what の t は d に近くなり our は / áʊᶻ / ではなく、/ ɑᶻ / か、もしくは / ɑː /。つなげると / wɑdɑᶻ /。

🙂 what are と同じですか？

🤓 近いね。でもふたつを聞き比べると微妙に違う。what are は / wɑdɑᶻ / と what our よりも少し軽い感じかな。are を強く発音すると what our に近くなるかもしれない。ここでは聞き比べができないからとりあえず / wɑdɑɑᶻ / を練習しよ。

6 We're asking everybody to ****** ** ***** seats.　0540
0541
皆様に席にお戻りになるようお願いしております。　0542

🙂 their が軽いですね。the と言われても違和感ありません。

🤓 そうだね。音だけで判断するのは至難の業なので文脈が必要だろうね。気がついた？　この文は主格のクイズに出題されたものだよ？

🙂 どこかで聞いたことがあると思いました。あのときは確か everybody に注意していたので their には気が回りませんでした。

（解答と訳は p.223）

🎧 ▶ Listening Quiz

ディクテーションをやってみましょう。

❶ **** ***** is as good ** ****.   `0543` `0544` `0545`

❷ I know **'* *** ** ***** to judge you...   `0546` `0547` `0548`

❸ ** **** *** leaders to lead by example.   `0549` `0550` `0551`

❹ But it's **** *** ** happy.   `0552` `0553` `0554`

❺ I guess they're back **** ***** date.   `0555` `0556` `0557`

❻ ***'* *** mood today?   `0558` `0559` `0560`

●例文のディクテーション解答

1 I'm just helping my friend.   **2** Are your parents still living there?

3 Hey, how's his dad?   **4** Look at her fingernails.

5 Imagine what our kids would look like!

6 We're asking everybody to return to their seats.

さあ、ここらで小テスト。２回目だね。空欄になっているのは、必須リダクション、談話標識、代名詞だよ。

見たところ空欄箇所はそんなに多くはないですね。

油断大敵。

🎤 George Clooney

((・ 0561

Yes. (*** ****), (** ****** **) make a-an entertaining film. (**) liked the story. (**) were not all that familiar with the- the actual story, which is rare for a World War II film. (**), usually (***) think (***) know all the stories. And (**) wanted (**) to be accessible. (**) liked – (*) like all those sorts of John Sturges film.

(*** ****), (**) liked – even the tho- (**) thought of (**) as (**** **) a mix between Kelly's Heroes and the Train, and, (**), (**) w- (** ****** **) make (**) – (** ****** **) talk about a very serious subject that's ongoing still. And (**) also (****** **) make (**) entertaining. (**), yeah. That was – that was the goal.

(『映画★スターインタビュー』 *p.*114　コスモピア刊)

🎤 George Clooney

((0561

Yes. (**you know**), (**we wanted to**) make a-an entertaining film. (**We**) liked the story. (**We**) were not all that familiar with the- the actual story, which is rare for a World War II film. (**Uh**), usually (**you**) think (**you**) know all the stories. And (**we**) wanted (**it**) to be accessible. (**We**) liked – (**I**) like all those sorts of John Sturges film.

(**You know**), (**we**) liked – even the tho- (**we**) thought of (**it**) as (**sort of**) a mix between Kelly's Heroes and the Train, and, (**uh**), (**we**) w- (**we wanted to**) make (**it**) – (**we wanted to**) talk about a very serious subject that's ongoing still. And (**we**) also (**wanted to**) make (**it**) entertaining. (**So**), yeah. That was – that was the goal.

🙂 we が何度も出てきましたが結構大丈夫だったような。でも意外に you に苦戦しました。sort of とかも。速くて。一度では聞き取れず何度も聞き直しました

😎 そうか。でも練習の成果があったようでうれしいよ。

コラム❸

呑み込まれて変形する破裂音 ((1904

　破裂音とは [p / t / k / b / d / g] の子音を指す。これらの音は、喉を閉じて肺からの空気を堰き止めて、溜まった空気を一気に外に吐き出すようにして出す。それはまるで空気が破裂するかのようで、そこから破裂音という名前がついたのだろう。英語では stop T / stop P や glottal stop などのように表現することもある。

破裂音に子音が続くと音が呑み込まれる

① **Good morning.**　おはよう

　下線部分の音が破裂音である。これを発音しようとすると最初の G は破裂させる。そして語尾の d を出す準備をして空気を堰き止める。しかしその空気は堰き止めたまま、d を発音するだけの時間ホールドし、破裂させないで次の m の音に移動していく。つまり good の d は発音されない。発音されないだからいくら耳を澄ましても聞こえてこない。d は発音されないのであればなくてもいいかというとそういうわけにもいかない。もし d がなければ Goo morning.　となんともだらしない音になってしまう。d はなくとも無音の間が残るのである。Goo(d) morning. と。ネイティブの人はこの間で抜け落ちた音の存在を察知する。また呑み込むことでキレが生まれてくる。

　morning の最後の g も破裂音であるが、破裂させる人もいればいない人もいる。もし呑み込んで発音されない場合は mornin' のようになる。アポストロフィは省略を意味している。

　破裂音が呑み込まれるのは次に子音が続く場合で、もし母音が続くと母音を発音するときに呑み込んだ音が出てしまう。

② **The President should at least sit down with him and let him make his case.**　大統領は彼と話し合い、自分の言い分を述べさせるべきだ。

　「破裂音＋子音」、「破裂音＋母音」の箇所が上のようになっている。ひと

つの文の中でこれほど登場する。破裂音に対する反応力は英語リスニングには欠かせない。発音練習をしっかりして感覚を身につけよう。

破裂音に子音が続いても音が呑み込まれない場合

　先ほどの説明では音が呑み込まれると言ったが、呑み込まれない場合もあるので話がややこしい。そんな例が次のようなもの。

③ Actually, as a matter of fact, we lost another one last week.
　実は、先週もうひとつなくした。

④ Ten days old today.　　今日で 10 日目だ。

　呑み込む人もいればいない人もいる。呑み込まれているようなないような、そんな微妙なものも当然存在する。

⑤ They live on the Upper East Side on Park Avenue!
　彼らはパークアベニュのアッパーイストサイドに住んでいる。

　破裂音がある場合、呑み込まれるケースが多いが、すべてのケースに当てはまるわけではない。

4

助動詞

　助動詞は本動詞を補佐する形になるのでストレスが置かれることが少ない。短縮も起こりやすい。このような事情から助動詞はリスニングを阻害する要因になりやすいが、would やshould など感情を伝達する役割をするものがあり聞き取りは大切。ここでは助動詞と各種主語との組み合わせを練習していく。

🤚 do　　　　🤚 should

🤚 does　　　🤚 might

🤚 did　　　　🤚 may

🤚 can　　　　🤚 have

🤚 could　　　🤚 has

🤚 will　　　　🤚 had

🤚 would

助動詞の四天王

do

1 ** *** **** * sec?

ちょっといい？

0562
0563
0564

🧑 はい、お馴染みの do。

👩 do you have の部分が教科書発音とナチュラルでは大違い！

🧑 慣れないと驚くよね。でも慣れるとまったく問題なし。

2 ** *** **** *** ice?

氷ある？

0565
0566
0567

👩 do you と ice しか聞こえません。速すぎませんか？

🧑 これは 8sps の速度。速いよね。速さに驚いても無理はないけど、do you have any をひとかたまりだと思って練習してみて。この言い方は映画によく登場するけど、皆同じようなリズムで発音する。慣れると 8sps の速度でも一瞬で理解できるようになるから。

👩 わかりました。

3 **** ** * *** you next?

次はいつ会えますか？

0568
0569
0570

👩 do の部分は OK でしたけど、なんと see you の you がわかりませんでした。

🧑 確かに弱い you だ。seen に聞こえる人もいるかも。スロー再生してこのカゲロウのような you を体験して。そしてしっかりと練習しよう。

4 But then, *** ** **** cover it up?

0571
0572
0573

とは言っても、彼らはどうやって誤魔化すのかな？

🧑 ところで先生、but then はどういう使い方をするのですが、よく目にするのですが。

👓 人と議論をしているようなとき、前に言ったことを肯定しつつも自分の意見を述べるという使い方かな。「そうは言っても」「でもやっぱり」のような意味。again がついて but then again と言うことも。接続詞のコーナでも取り上げるよ。

5 ** ** **** another date?

0574
0575
0576

別の日にしますか？

🧑 we だと言われないとわかりません。

👓 do we や did we は難しいね。練習を積んでいても不意にやってくると「？」となることあるもの。do の基本は / dú: /。弱くなって / du / とか / dʊ /。/ ʊ / は / u / がもっと短く発音されたもの。母音の前は / du /、子音の前は / dʊ / になると覚えよう。

（解答と訳は p.223）

Listening Quiz

ディクテーションをやってみましょう。

❶ ** *** **** *** muffins left? 　0577 0578 0579
❷ And **** ** **** ***? 　0580 0581 0582
❸ ** **** ***** they have achieved it and maybe they haven't? 　0583 0584 0585
❹ *** ** ** **** ** bring it up? 　0586 0587 0588
❺ ** *** ***** ***'** ***** ** able to make it to the show? 　0589 0590 0591

●例文のディクテーション解答

❶ Do you have a sec?　❷ Do you have any ice?　❸ When do I see you next?
❹ But then, how do they cover it up?　❺ Do we pick another date?

does

1 **** **** **** nonfat milk?

入っているのはノンファットのミルク？

0592
0593
0594

👩 教科書発音ではまったく問題ありませんけどナチュラルでは何度聞いても does this とは聞こえません。

🤓 this の th は発音されていないね。does の d の音も聞こえない。does の s が z の音だから、それに is がくっついて / zis /。/ zis həv / という感じだろうか。have は比較的はっきり発音されている。リズムは？　does this だと 2 シラブルだけど、zis ならは 1 シラブル。出だしの does this の部分は何シラブルに聞こえる？

👩 1 シラブル……かな？

🤓 だね。聞こえた通りに発音練習をしよう。

2 **** *** **** that?

彼女そのこと知っているの？

0595
0596
0597

👩 does って何気に難しい！

🤓 何気どころか does は強敵。なぜ難しいのかの説明すら難しい。does の es が消え she と結び付いて / dəʃi / のような感じ。does の es のみを残す人もいる。その場合は zshe (/ zʃɪ /) のような感じ。本例の場合はどちらだろう。d の音が聞こえるので前者か。z の音は残っていないだろうか。ちなみにシラブルは 2 で変化なしね。

👩 頭でわかっても発音練習が思うようにいきません。

🤓 同じにするのは無理としても、できるだけ近づける努力はしてね。自分の発音を録音して聞いてみるといい。

3 ***** **** ** **** ** meet you?
0598
0599
0600

彼はどこで会いたいと言っているの？

😮 認識できるのは where と meet you だけです。wanna もあったんですね。wanna と知った後で聞き直すと聞き取れましたけど、初めて聞いたときはわかりませんでした。以前練習したはずなのに。

😎 何度も言うけど、一度練習したからと言ってすぐに身につくものではないからね。he は h が消えているから / dəzi / という感じかな。

4 **** **** hurt?
0601
0602
0603

痛む？

😮 うわあ、これも難しい。今までの例から自分なりに分析しますね。does は弱くなって dəz それに that がくっついて / dəzðæt /。

😎 いい感じ。that をよく聞いてみて。かなり弱いから。それに最後の t は発音されていないと思う。91 ページのコラムを参照して。

😮 というと / dəzðə(t) / というあたりかな。

🎧 **Listening Quiz**

（解答と訳は p.223）

ディクテーションをやってみましょう。

❶ *** **** **** bother me so much? 0604 0605 0606

❷ **** **** scare you? 0607 0608 0609

❸ **** **** *** do? 0610 0611 0612

❹ ***** **** ** come from? 0613 0614 0615

●例文のディクテーション解答

1 Does this have nonfat milk?　**2** Does she know that?
3 Where does he want to meet you?　**4** Does that hurt?

✋ 助動詞の四天王

did

1 *** *** **** that?

ねえ、知ってたあ？

0616
0617
0618

😞 がっくり。

🤓 どうしたの？

😞 私、did you も聞き取れない。

🤓 did you は2シラブル。ナチュラルの did you は？

😞 1シラブルですか？

🤓 だとすると2シラブルで待ち受けていても聞き取れないよ。聞こえた通りに練習して did you の感覚を養って。

😞 わかりました。

🤓 ところで do you know と did you know の違いを知ってる？

😞 現在形か過去形かですよね？

🤓 そういうのもあるけど、過去形にすると質問ではなくて、驚きを伝えることがあるからね。誰かに教えたくて仕方ない気持ちの表現。

😞 だから日本語訳に「ねえ」が入ってるのかあ。

2 *** ** call?

彼、電話してきた？

0619
0620
0621

😊 he は h が消えて……did とくっついて / didi /……と。

🤓 聞き取れたんだね。

😊 いいえ。後付けで理由を考えてみました。

🤓 ……

3 *** *** **** who you are?

0622
0623
0624

彼女、あなたが何者かって気がついている？

🧑 D'she という感じですか？　does の所で出てきた Does she know that? との違いが微妙過ぎませんか？

🤓 確かに。聞き比べると違うのはわかるのだけど、説明が難しい。ゆっくり音声の場合だと、Did she は / 'didʃɪ / で Does she は /'dʌzʃɪ / という感じ。これが速くなると did she は d だけ残って D'she と舌は d の位置にあってリリースせず she に移行する。does she は / z ʃɪ /。でもネイティブでも簡単ではないみたいだからあまり深追いしないでおこう。

4 *** ** forget something?

0625
0626
0627

何か忘れてない？

🧑 これは D'we って感じですか？

🤓 そうだね。

🧑 did we は 2 シラブルですけど、d'we は 1 シラブルですか？

🤓 1 シラブルになりきっていないと思う。となると di'we ぐらいかも。

🔊 **Listening Quiz**

（解答と訳は p.223）

ディクテーションをやってみましょう。

❶ *** *** *** going to the teachers?　　0628 0629 0630

❷ **** *** *** think?　　0631 0632 0633

❸ **** *** *** die?　　0634 0635 0636

❹ **** *** **** do?　　0637 0638 0639

❺ *** *** ****** he said it twice?　　0640 0641 0642

●例文のディクテーション解答

1 Did you know that?　　**2** Did he call?

3 Did she know who you are?　　**4** Did we forget something?

助動詞の四天王

can (be able to)

1 *** *** **** ** my house!

0643
0644
0645

ウチにおいでよ。

さ、助動詞の真打登場。

あれ、四天王じゃなかったでしたっけ？　ま、いいか。my house しかわかりませんでした。you can も come to も解読不能です。

come to のパターンはまた後でやるとして、問題は can だね。kn という感じだと思って聞いてみて。

「クン」ですか……。

2 * *** **** make a recommendation.

0646
0647
0648

推薦状を書くぐらしかできないよ。

これも kn ですか？

どう思う？

kn ですね。only がくっついて / knóʊnli / ですね。

そうだね。/aik nóʊnli / という風に分けて、あとでくっつけると真似しやすくない？

やってみます。

3 ** *** ** **** at home.

0649
0650
0651

家でやろう。

これも kn ですね。

だね。もうわかるようになってきたかな。

4 **I don't think *'* ***** ** **** ** make it.**

うまくいくとは思えない。

0652
0653
0654

be able to は助動詞ではないがこの際一緒にやっておこう。

はい、でもそこは特に問題はないような。でも gonna が相変わらずうまく聞き取れません。一度 gonna ということがわかって聞くと gonna にしか聞こえないのですが、最初は gonna と認識できなくて……。

その繰り返しが慣れにつながるコツ。

Listening Quiz

（解答と訳は p.223）

ディクテーションをやってみましょう。

❶ *** ** ** ***** **try living together?**　　0655　0656　0657

❷ *** *** **** *** **the back of his head!**　　0658　0659　0660

❸ You're not ***** ** ** **** ** **sell that.**　　0661　0662　0663

❹ *** *** **** **do this to me?**　　0664　0665　0666

●例文のディクテーション解答

1 You can come to my house!　　**2** I can only make a recommendation,

3 We can do this at home.　　**4** I don't think I'm gonna be able to make it.

could (was able to)

1 Now. *** ***** **** ** here all night.

0667
0668
0669

これで、今夜中には仕事が終わりそうにないわね。

😎 could に母音が続くとどうなると思う？

👧 have は子音ですけど。

😎 h は消えるからね。

👧 そうか。では couldave？

😎 そうだね。could have us が /kədəvəs/ とひとかたまり。このパターンは 205 ページからの「必須リダクション 2」で取り扱うね。

2 * ***** ******* ** there about 6:30.

0670
0671
0672

6時半ごろには行けると思う。

👧 今度は could に子音が続く場合ですね。

😎 子音が続くと could の d は発音されないで呑み込まれる。でも d がなくなるわけではなく発音されるだけの間が残る。とはいえ元が速いから間が残ると言っても一瞬ね。ちなみにここの could は 0.1 秒以下。

👧 速いですね。

😎 probably もよく聞いてね。教科書発音では 3 シラブルだけどナチュラルはひとつ減ってない？

3 He asked ** ** ***** **** ** home.

0673
0674
0675

彼に自宅まで送ろうかと言われた。

😊 子音が続くから先の例と同じ要領ですね。

😎 could の d は呑み込まれているね。if he は h が消えてつながるパターン。覚えてる？

😊 はい。/ ifi / って感じですね。聞き取れなかったけど。

4 * *** **** ** *** that in 5 seconds.

0676
0677
0678

それを5秒で言うことができた。

😎 was able to もやっておこう。これは can の過去として使うから。

😊 was が弱くて聞きずらいです。

😎 was に関しては別に取り上げるからね。

🎧 Listening Quiz

（解答と訳は *p.224*）

ディクテーションをやってみましょう。

❶ *** ***** * **** known? 　　0679 0680 0681

❷ * *** **** ** ** all these different activities. 　　0682 0683 0684

❸ I wonder ** *** ***** **** ** about your social life. 　　0685 0686 0687

❹ If only ** ***** ** that in life. 　　0688 0689 0690

●例文のディクテーション解答

1 Now. She could have us here all night. 　　**2** I could probably be there about 6:30.
3 He asked if he could take me home. 　　**4** I was able to say that in 5 seconds.

芸達者—未来も意思も

will

1 **** *** **** the mashed?

0691
0692
0693

マッシュポテトを取ってください。

さ、助動詞の真打登場。

can のときも同じこと言ってましたよ。

そう？　will も真打だよ。

you が弱くて will you が we に聞こえます。

2 **** **** **** **** a minute.

0694
0695
0696

すぐに終わります。

これは this'll と短縮になっていませんか？

言われてみればそうだね。

this'll の発音が難しいです。

this will だと 2 シラブルだけど this'll になると 1 シラブル。リズムを優先させて発音練習してみて。

3 And * **** ** **** as soon as I can.

0697
0698
0699

できるだけ急いで帰るよ。

これも短縮していますね。

文字では独立していても発音となるとくっつくみたい。

as soon as も発音が難しいですね。

😎 as は別途取り上げる予定だけど、前もって練習しておくのも悪くないよ。as に特に注意ね。

---

4 *** **** **** **** pay?

0700
0701
0702

彼らはいくら払うの？

🙂 教科書発音とナチュラルがほぼ同じで聞き取りにはまったく問題ありませんでした。

😎 they も？

🙂 はい。しっかりと聞こえました。

😎 みんなこんな感じで発音してくれると楽なんだけどね。

🎧 Listening Quiz

（解答と訳は *p.224*）

ディクテーションをやってみましょう。

❶ Maybe ***'** **** ** something.　　0703 0704 0705

❷ ***'** ***** ***** who's here.　　0706 0707 0708

❸ So tomorrow morning ** **** ** **** to the beach.　0709 0710 0711

❹ **** *** ****** ** please?　　0712 0713 0714

●例文のディクテーション解答

1 Will you pass the mashed?　　**2** This will only take a minute.

3 And I will be back as soon as I can.　　**4** How much will they pay?

✋❓ 用法の多さに頭が混乱

would

1 **Then** *** ***** ** *** **it?**

0715
0716
0717

どうして彼がそんなこと言うんだ？

👩 would と he か。今まで練習してきたパターンの合わせ技になってきた感じですね。

🧑‍🦱 he の発音は？

👩 h が消えて would とつながって wouldi って感じ。

🧑‍🦱 辞書には / wəd, əd, d, ˈwuˑd / のように 4 通りの発音を紹介しているものもある。最初が弱い would、2 番目が w が消えたもの、3 番目が短縮されたもの、最後がストレスを置いて強調したもの。

👩 なるほど。そういえば would は短縮されることが多いですね。

🧑‍🦱 why would は起きていることが信じられないとか驚いているとかのニュアンスになりやすいよ。

2 **He said** ** ***** *** **** **as fast as he could!**

0718
0719
0720

彼はそこにできるだけ急いでいくと言った。

🧑‍🦱 この would は時制の一致を受けたもので will の過去ね。

👩 なるほど。

🧑‍🦱 would の d は呑み込む d ね。

3 **So, if you were home right now,**
**** ***** *** ** **doing?**

0721
0722
0723

もし今家にいるとしたら、何をしているかな？

106

😎 この would は仮定法。

🙂 仮定法かあ……ちょっと苦手かも。

4 **** * *** in school * ***** ***** really use the Japanese language.
学校に通っていた頃は日本語を使わなかった。

0724
0725
0726

😎 この would は過去の習慣。

🙂 would の用法って多いんですね。

😎 用法自体はもう少しあるけど、でも今までに出た4通りを押さえていればたいていの場面は OK じゃないかな。

（解答と訳は p.224）

🎧 Listening Quiz

ディクテーションをやってみましょう。

❶ * ******* *'* *** ** take a walk.　0727 0728 0729

❷ You think *** ***** ** *** it?　0730 0731 0732

❸ *** ***** ** **** *** the TV?　0733 0734 0735

❹ Well, *** ***** ***** ** what she did.　0736 0737 0738

●例文のディクテーション解答

❶ Then why would he say it?　❷ He said he would get here as fast as he could!

❸ So, if you were home right now, what would you be doing?

❹ When I was in school I would never really use the Japanese language.

107

助言もするけど後悔もする

should

1 **You think** * ****** **** *** **up?**

0739
0740
0741

彼女に電話したほうがいいと思う？

👩 should とわかっていても聞き取りは楽ではないですね。集中していないと should を聞き逃します。should に集中して聞くといかに速いかがよくわかります。

👨 call her up はどうだった。her の h が消えてつながっているけど。

👩 全然ダメでした。h 系の代名詞は本当に難しいです。

2 *** **** ****? * ****** **** **this.**

0742
0743
0744

これをやったほうがいいと思う。

👩 あ、you know what だ。一度やったのが出てくるとなぜかうれしい。

👨 意味は何だっけ？

👩 特に意味はなくて、耳を傾けてほしいからその前振り。

👨 よく覚えているね。ここの should はわかりやすいね。でも最後の d は呑み込まれているから、その辺りは注意してね。

3 ****** * ** **** * *** **last time?**

0745
0746
0747

前回やったことをやったほうがいい？

👩 should は聞き取れましたけど、他の部分が全滅！

👨 語尾が呑み込まれる単語が続くからかな。what / did / last。91 ペ

ージのコラム「破裂音」を参照してね。

😀 同じようにできるよう練習します！

4 **Maybe** ** ****** **** ** **some point.**
0748
0749
どこかで話し合ったほうがよさそうだ。
0750

😀 ここはとってもわかりやすかったです。なんとなくゆっくりなので。

🤓 全体の速度が 4.7sps だから平均より少し遅い速度。こういう速度なら日本人のリスニングはあまり問題視されないと思うのだけどね。ところで should / talk / at / point など語尾が呑まれるのが多いけど問題なかったのかな。語尾は慣れの問題が大きいからね。

（解答と訳は p.224）

ⅠⅠ Listening Quiz

ディクテーションをやってみましょう。

❶ ***** *** ****** **** till he brings it up.　0751 0752 0753

❷ *** ****** **** ****** for me to contact you.　0754 0755 0756

❸ So, what do you say, ****** * **** ***?　0757 0758 0759

❹ *** ****** **** ** ****, get in bed, and stay there.　0760 0761 0762

❺ They think *** ****** ** ****** more math.　0763 0764 0765

●例文のディクテーション解答

1 You think I should call her up?　**2** You know what? I should take this.
3 Should I do what I did last time?　**4** Maybe we should talk at some point.

現在や過去の推測

might

1 * ***** ** **** **make some money** *** ** **it!**

0766
0767
0768

それからお金を稼がせてもらうか。

😊 速い！

😎 might as well はかたまりだと思ったほうがいいね。「〜したほうが いい」という意味だけど、「他にいい案がないから」というニュア ンスがあって自分から望んでするというより仕方ないから、という 感じ。

2 **Oh, I thought** *** ***** ***** **take a look.**

0769
0770
0771

ちょっと見たいかなと思って。

😊 wanna だ。might の t はのみ込まれていますね。だから might が my に聞こえてしまいます。

😎 take a look もよく使う表現で「〜をちょっと見る」。覚えておいて 損はない表現だからね。

😊 そうですね。よく耳にしま〜す。

3 * ***** * ***** **** **about that.**

0772
0773
0774

それに関して私は知っているかもね。

😊 might とはなんとか大丈夫でした。でも I think が速いのでびっくり しました。

😎 教科書発音とずいぶん違うよね。I think は速いけどこれも真似てお こう。計測すると I think には 0.17 秒ほどしかかかっていない。こ

の速さをそっくり真似るのは日本人には負荷が大きすぎるので80%
ぐらい速さでいいから。

4 *** ***** **** ******* **I'm not the right person.**　0775
気がついていたかもしれないが、僕は適任ではない。　　　　　　0776
　　　　　　　　　　　　　　　　　　　　　　　　　　　　　0777

😎 「might have + 過去分詞」のパターンは205ページからまとめて取
り上げる予定なのだけど、先行してひとつやっておこう。

🙂 might've って言っていますか？

😎 はい。短縮されるから速いよね。

🙂 noticed から I'm に流れる部分も難しです。I'm を判別できません。

😎 noticed は / ˈnotɪst / で最後は t ね。スローで聞いてごらん。最後
のtまで発音して、と言っても破裂音なので呑み込むけど、そして
それから I'm に移行しているから。破裂音に関しては91ページの
コラムを見てね。

‖ ‖ Listening Quiz

（解答と訳は p.224）

ディクテーションをやってみましょう。

❶ Forget it. ***** ** **** just go home.　　0778 0779 0780

❷ I think * ***** **** what this is about.　　0781 0782 0783

❸ *** ***** ** **** *** a lottery ticket.　　0784 0785 0786

❹ Thought *** ***** **** bailed.　　0787 0788 0789

●例文のディクテーション解答

1 I might as well make some money out of it!　**2** Oh, I thought you might wanna
take a look.　**3** I think I might know about that.　**4** You might have noticed I'm not
the right person.

許可と推測

may

1 *** * **** a word with you?

0790
0791
0792

ちょっとお話があります。ちょっといいですか？

👓 have a word with はちょっと改まった感じのお話。こういうのを上司や先生、あるいは両親から言われると、ちょっとドキッとする。リスニング的にはどう？

😊 そうですね、あまり難しくなかったです。may I はよく聞くパターンですし。

2 **** *** ** hard for you to understand.

0793
0794
0795

これは君には理解が難しいかも。

😊 速いですけど may に関しては大丈夫です。

👓 なるほど。ここで難しいのは for you to あたりかな。

😊 そうです。特に to が。

3 ** *** **** **** away.

0796
0797
0798

どこかに去ったかもしれない。

😊 あ、これは難しい。may というよりも全体が。

👓 そうだね。後で登場するけど have とかね。それにここは「may + have + 過去分詞」というパターンで、日本人には苦手の領域。過去のことについて推測する時に使う表現。

😊 さっき might で似たようなのをやりましたけど、may とどう違うのですか？

😎 日本語訳にすると同じになるから区別しにくいけど、may も might も推量だけど、may より might のほうが可能性が低くなる、という人もいる。でもそんなに気にする必要はないかな。178 ページのコラムを参照してみて。

4 ＊ ＊＊＊ ＊＊＊＊ ＊＊＊＊＊ you crabs.

0799
0800
0801

　君にカニをあげたかもしれない。

😊 あ、これも過去分詞だ。過去の推量というお話でしたけど、これって自分のことですよね。自分がやったことに対して推量しているとはどういうことですか？

😎 もっともな疑問だね。過去にやったことをあまり覚えてないんだろうな。酔っぱらっていたとかで。本例の場合だと「相手にカニ料理（？）を取ってきてあげたかどうか」の記憶がない。だから推測している。crabs（複数形）にはスラングでヘンな意味があるからね。ここでは「カニ」にしているけれども。

😊 え、なんだろ？

🎧 **Listening Quiz**

（解答と訳は p.224）

ディクテーションをやってみましょう。

❶ ＊ ＊＊＊ ＊＊＊＊ someone who' s perfect for you　0802 0803 0804

❷ ＊＊ ＊＊＊ ＊＊＊＊ come up.　0805 0806 0807

❸ ＊＊＊ ＊＊＊ ＊＊＊＊ ＊＊＊ over her for now.　0808 0809 0810

❹ The ＊＊＊＊＊＊ ＊＊＊ ＊＊＊＊ ＊＊＊ ＊＊＊ ahead but does she want to go through it again.　0811 0812 0813

❺ ＊＊＊ ＊＊ ＊＊＊＊＊＊ be excused?　0814 0815 0816

●例文のディクテーション解答

1 May I have a word with you?　**2** This may be hard for you to understand.
3 He may have gone away.　**4** I may have given you crabs.

多彩な働き

have

1 ****, *'** **** ** since six.

0817
0818
0819

6時から起きています。

😊 well が結構強いですね。I've と短縮、been が bin ぐらいに、それが up とくっついて、といろいろと難しいです。

🤓 since six は since が s で終わり次に six とくるので s がふたつ続いている。でも聞こえてくる s は？

😊 ひとつですね！

2 **** *** **** **** clinic defense?

0820
0821
0822

あなたは clinic defense をやったことあるの。

😊 have って言っていますか？

🤓 う～ん、言ってないかも。

😊 you ever done という流れで have が聞こえなくても補えるということですね。clinic defense とは何でしょうか？

🤓 人工中絶に反対する人たちが clinic を襲ったりするからそれを守る運動。

3 **** *** **** ***** of that artist?

0823
0824
0825

その芸術家について聞いたことは？

😊 これははっきりと聞こえます。さっきと同じ出だしなのですけど、同じ have you ever でもこれだけ違うのですね。

そうだよね。少々崩れても対応できるリスニング力とはこういうバリエーションにたくさん触れているかだと思う。みんないつも同じ発音をしてくれると問題はないけど、そうはいかないから。それは日本語でも同じだと思う。僕たちは気がつかないだけで、かなり崩れた日本語を話していると思うよ。

なるほど、確かにそうですね。

4 **** **** * **** **wanted that?**
いつそんなことを要求したよ！

0826
0827
0828

が〜ん！ 最後の that しか聞き取れませんでした！ 教科書発音でもダメです！

これね、ひとつひとつ聞き取ろうとするより when have I ever をかたまりのリズムとして覚えてみて。もちろん発音練習をしながら覚えるんだよ。発音練習しないと when have I を whenever と聞き違えたりする。同じパターンをクイズに出して練習成果を確かめるね。

Listening Quiz

（解答と訳は p.225）

ディクテーションをやってみましょう。

1 ****, *'** **** **taken a glance at it.**　0829 0830 0831

2 **** **** * **** **done that?!**　0832 0833 0834

3 ***** **** *** **** **all week?**　0835 0836 0837

4 **** **** * **** **given you a birthday present?**　0838 0839 0840

●例文のディクテーション解答

1 Well, I've been up since six.　**2** Have you ever done clinic defense?
3 Have you ever heard of that artist?　**4** When have I ever wanted that?

✋🏻 is や does になりすます

has

1 *** *** **** at all?

0841
0842
0843

彼女寝てないの?

😮 has の s って z の音じゃなかったですか?

🤓 z だよ。

😮 s に聞こえますけど。

🤓 有声から無声になってしまった、というわけだね。hasta でも取り
上げたよね。

😮 そうでした。忘れていました。

2 Folks, *** **** **** happened to you?

0844
0845
0846

みんな、こういう経験ある?

😮 has this のつなぎが難しいです。

🤓 まだわかりやすいほうだと思うよ。has がまったく聞こえないとか
最後の z しか残っていないという場合もあるからね。

3 **'* **** **** * couple of hours, so just give it
some time.

0847
0848
0849

まだ 2、3 時間しか経っていないからもう少し待ってみよう。

😮 あ、has の短縮ですね。そうか has って短縮しますものね。いつも
is の短縮と勘違いしてしまいますが。

🤓 出だしの it が消えて 's only been って感じだね。出だしが消えるパ
ターンはコラムで特集しているから一読してね。

4 No, **'* **** ***** ****** in a row.

0850
0851
0852

いや、もう３夜連続だ。

これはわかりやすいです。はっきりと it's と聞こえますし。in a row って何でしたっけ？

「連続して」。

5 **** *** ** said?

0853
0854
0855

彼はなんと言ってる？

has he が一瞬 does he と聞こえました。

音的にはほとんど同じだよね。でも said があるからね。does なら say だし。とはいえ he は認識できたわけだ。成長したね。

ほんとですか？　うれしい！

Listening Quiz

（解答と訳は p.225）

ディクテーションをやってみましょう。

❶ *** *** ***** this morning?　0856 0857 0858

❷ You have no idea **** **'* **** like.　0859 0860 0861

❸ I wonder how long **** **** *** **** setting out.　0862 0863 0864

❹ **, *** **** ******** before?　0865 0866 0867

❺ Maybe. **'* **** ********* else.　0868 0869 0870

❻ *** ** **** bad-mouthing me?　0871 0872 0873

●例文のディクテーション解答

1 Has she slept at all?　**2** Folks, has this ever happened to you?
3 It's only been a couple of hours, so just give it some time.　**4** No, it's been three
nights in a row.　**5** What has he said?

✋🖐 ここまで弱くなるか

had

---

1 ** *** ** pull over. I couldn't even drive.

車を止めるしかなかった。私は車の運転できなかったし。

0874
0875
0876

👨 ここでは had to を助動詞と同じ扱いとしますね。

👩 はい。どうやっても had to と聞こえません。

👨 聞こえないよね。もう had to は日本人には鬼門。普通は had の d の位置（上の歯の付け根あたり）に舌を置き、リリースさせないでそのまま to の t を発音する。t と d は無声か有声かの違いでしかないので t の発音がたまに d になったりする。/ hætʊ / とか / hædʊ /。h は発音されず / æ / が弱くなって /ə/ になると / ətʊ / とか / ədʊ /。had to にはかなりの練習がいると思う。もう一例見てみようか。

👩 先生、pull over が車を止めるという意味になるのですか？

👨 はい。脇に寄せるとか、車を止めるとか。

---

2 * *** ** **** my lip to keep from screaming.

叫ばないように唇をかんでいた。

0877
0878
0879

👩 / ədʊ / ですかね？

👨 もう had to は d だけで I'd のように聞こえるよね。I had to は 3 シラブルだけど音を聞くと 1 シラブルにしか聞こえない。I'd は 1 シラブルだからほぼそんなもの。さらにもう一例見てみよう。

---

3 He broke it. *** ** *** *** ** it.

彼が壊しました。不要でしたから。

0880
0881
0882

118

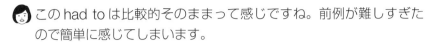

😠 この had to は比較的そのままって感じですね。前例が難しすぎたので簡単に感じてしまいます。

😎 そうだね。主語がないぐらいかな。注意する点は。

😠 get rid of とは何ですか？

😎 これって hadda の所に出てきた例文だけど？

😠 あら？

---

4 ** **** *** **** in session, this would have never taken place.
もし継続中であれば、こんなことにはならなかっただろう。

0883
0884
0885

😠 had が聞こえません。if they と聞こえたら次に been が聞こえてきます。

😎 if they'd been だと思って聞いたら？

😠 あ、そう聞こえます。d が呑み込まれているので聞こえないのですね。

😎 glottal stop だね。91 ページの「破裂音」をみて復習しておいてね。

ıl ıl Listening Quiz

（解答と訳は p.225）

ディクテーションをやってみましょう。

❶ No, * **** *** ** get a picture of this.　　0886 0887 0888

❷ Look, ** ***'* *** two failed marriages, you'd understand!　　0889 0890 0891

❸ *** *** ***** **** *** as angry as this before.　　0892 0893 0894

❹ **** *** ** **** the station?　　0895 0896 0897

●例文のディクテーション解答

1 We had to pull over. I couldn't even drive.　**2** I had to bite my lip to keep from screaming.　**3** He broke it. Had to get rid of it.　**4** If they had been in session, this would have never taken place.

119

ストレスの位置とニュアンス

I coulda been a contender. I coulda been somebody.

　1954 年の映画『波止場』の有名なせりふである。このせりふは若きマーロン・ブランドが演じる元ボクサー、テリーがタクシーの中で兄に語る。映画史上最大の名シーンと言われる 4 分間。マーロン・ブランドはこの映画でアカデミー主演男優賞を獲得した。マーロン・ブランドは表記のせりふを次のように演技した。

I coulda been a contender. I coulda been somebody.
タイトル戦に出られたかもしれん。出世できたかもしれん

　somebody の some にストレスを置いたのである。some にストレスを置くと「ひとかどの人物、偉い人」を強調する。1980 年の映画『レイジングブル』で主演のロバート・デニーロは同じくボクサーを演じ、マーロン・ブランドのセリフを鏡に向かってひとりでつぶやく。このとき、ロバート・デニーロは次のように演技した。

I coulda been a contender. I coulda been somebody.

　ロバート・デニーロは some ではなく been にストレスを置いたのである。これでニュアンスが変わる。さあ、どう変わるのだろうか？　デニーロは been という過去にストレスを置くことで自分の過去に怒りをぶつけた。元祖マーロン・ブランドは some にストレスを置いて、底辺から抜け出し人から認めてもらえるような人間になれていたかもしれないのに、それができなかったという喪失感を表現していた。

　こんなストレスの位置の違いからくる微妙な感情表現を英語の母語話者たちは楽しんでいるのである。文字で追いかけている限りこのような楽しみはやってこない。興味のある方はこの 2 本の映画を見比べてはいかがだろう。ちなみにロバート・デニーロもこの映画でアカデミー主演男優賞に輝いた。

5

be 動詞

　be 動詞が聞き取れないとは考えたこともないだろう。そして仮に聞き取れないとしても、大した問題ではないと思うかもしれない。しかし be 動詞に注意して練習するとおそらく考えを改めるのではなかろうか。ここでは be 動詞の他に there is(are) と here is(are) のパターンも取り上げる。

👂 **am / are**

👂 **is / were**

👂 **was**

👂 **be / been**

👂 **there is(are) / here is(are)**

am / are

1 *'* **** *** ***** of this one.

0898
0899
0900

これにはもううんざり。

I'm ですね。聞き取れました。全然問題ありません。

sick and tired of の部分は？ and は n だけしか残っていないから / síkn táɪədə /。of も子音が続くと f が落ちて o のみ。

弱い o ですね。「うんざりする」という意味なんですね。

そうだね。「うんざりする」とか、「飽き飽きする」とか。

2 *** ** * ****** the last to know these things?

0901
0902
0903

どうしてこの手のことを誰も教えてくれないの？

あれ、why am I が聞き取れない。おかしいな。am と言っていますか？ why am I は 3 シラブルですよね？　でもナチュラルもそうですけど教科書発音も 3 シラブルではないような。

いい所に気がついたね。why my って感じじゃない？

というと、2 シラブルです。

ひとつ減ってるね。/ wáɪmaɪ /。映画とか見ていると 3 シラブルだったり 2 シラブルだったり、という感じ。

3 **** *** ***, insane?

0904
0905
0906

なんだ、気でも触れたのか？

文字を確認した後で聞いても are が微妙です。ところで先生、この

文は Are you insane? と同じですか？

意味的にはね。でも what are you で「君は一体何者だ？」と振って
おいて、次に肝心の単語をもってくるという流れ。例えば、お節介を
焼いてくる友たちに「何なんだお前は、俺の母親のつもりか？」と
いうニュアンスを出そうとすると Are you my mother? ではなくて、
What are you, my mother? という感じになる。ここの例もそうだ
けど、文脈がないとピンとこないよね。

4 *** **** **** **here?**

まだここにいる？

0907
0908
0909

う、be 動詞恐るべし。

聞き取れなかったんだね。are が r だけになったと思えばどうかな？
they も弱いよね。

そうなんです。もしいきなりこれを言われると are they は聞き取れ
ないと思います。be 動詞にここまで集中したのは初めてです。

（解答と訳は p.225）

Listening Quiz

ディクテーションをやってみましょう。

❶ And *** ** * ******** ** **fix a problem I can't fix?**　0910 0911 0912

❷ *** *** ** **spying on?**　0913 0914 0915

❸ *'* *** ** *** **surprised they feel that way.**　0916 0917 0948

❹ ***** *** ** **going?**　0919 0920 0921

●例文のディクテーション解答

1 I'm sick and tired of this one.　**2** Why am I always the last to know these things?
3 What are you, insane?　**4** Are they still here?

短い発音を覚えよう

is / were

1 **** ** **** *'* doing now.

今私がやっているのはこれです。

0922
0923
0924

this is と 2 語というより thisis とひとつの単語だと思っているほうがわかりやすいかも。音節つまりシラブルの数は変わらないけど。

そうですね。それにしても this is がここまでわかりにくくなるんですね。ほんと、侮れません。本気の音だったら This is a pen. も聞き取れないってことですものね。

念のためにもうひとつやっておこうか。

2 ****, **** ** much better.

こっちのほうが全然いいね。

0925
0926
0927

こっちの this is のほうが馴染みがある音みたいです。

微妙な違いなのにね。

出だしの well に、最初なんだろうと思ってしまった。一瞬考えて well だとわかりました。

これ、well のときに練習した文だけど……とりあえず成果だな。

3 *** **** worth the wait.

あなたは待つだけの価値がある人。

0928
0929
0930

ええっと……you were だと 2 シラブルですよね。worth の前に 1 シラブルしかないような。you worth と言っていませんか？

次のセンテンスも聞いてみて。

4 ** *** **** ***** in the town, I'd be able to go.　0931
0932
もしあなたがまだ町にいるなら私も行けるのにね。　0933

😊 なんだか r の音を感じますけど、you are なのか you were なのか
区別できません。仮定法だから were だと推測はつきますけど。

🤓 話の前後関係で把握かな。もうひとつ聞いてみて。

5 ******** **** ** **** in high school together?　0934
0935
私たちが高校生だったころを覚えてる？　0936

😊 これもだ。これが were の世界ですか？

🤓 フラットで弱いよね。この弱さを真似るのは至難の業だけどトライ
してみて。クイズにも出題しておくね。

（解答と訳は *p*.221）

｜｜ Listening Quiz

ディクテーションをやってみましょう。

1 ** **** ****** ** come to Monterey but ** ***
all fogged in.　0937 0938 0939

2 **** ** **** between us.　0940 0941 0942

3 Just in case *** **** ***** wondering.　0943 0944 0945

4 ** **** ***** work out *** ***?　0946 0947 0948

5 * *** wondering ** *** **** dating anyone right now?　0949 0950 0951

6 You got to promise me **** ** ***** ***** happen.　0952 0953 0954

●例文のディクテーション解答

1 This is what I'm doing now.　**2** Well, this is much better.
3 You were worth the wait.　**4** If you were still in the town, I'd be able to go.
5 Remember when we were in high school together?

姿なき be 動詞

was

1 * *** ******** ** doing it a little shorter.

0955
0956
0957

もう少し短くしようかと思ってた。

う！　was がまったく聞こえません。

be 動詞に対する自信が揺らいできた？

……

ね？　Be 動詞もバカにできないでしょ？　そもそも I was がどう聞いても 2 シラブルではないよね。

1 シラブルですね。

I was は難しいね。

2 * *** ******* lost in class today.

0958
0959
0960

今日の授業はさっぱりだった。

さっきと同じ発音だ。1 シラブルですね。

皆がこんな発音するわけではないけど、速度が上がると変わってくるね。I was は / əz / あるいは単に / z / ぐらいなっていると考えよう。クイズに似たようなのを出題しておくからチャレンジしてみて。

先生、totally も変ですよ。

普通は 3 シラブルだけどひとつ減って tolly ぐらいになってるね。それから lost in class は「授業に集中できない状態」って感じだね。

3 Yeah, ** *** ****** hard.

0961
0962
0963

すごく大変だった。

👩 it was なんですね。全然そう聞こえませんけど。

👨 言ってないもの。it もなく was が / əz / となっているだけ。w も少し聞こえるから / wəz / かな。

👩 微妙ですねえ……

4 * **** *** ** *** a secret.

秘密だって彼女に伝えたよ。

0964
0965
0966

👩 これはなんとか it was と聞こえます。

👨 弱いけどなんとか原型を保っているという感じ。told her は？

👩 へへ。

👨 聞き取れたんだ。

👩 いいえ。文字見てわかりました。まだ her に慣れていないようです。

👨 ではそこも含めて練習しておこう。

Listening Quiz

（解答と訳は p.225）

ディクテーションをやってみましょう。

❶ * *** **** about to say that.　0967 0968 0969

❷ Oh, it's okay, ** *** **** ** fault.　0970 0971 0972

❸ You know, ***** ** *** *** daughter's.　0973 0974 0975

❹ **** *** **** brother?　0976 0977 0978

❺ ** *** ****** to get pulled over.　0979 0980 0981

●例文のディクテーション解答

1 I was thinking of doing it a little shorter.　**2** I was totally lost in class today.

3 Yeah, it was really hard.　**4** I told her it was a secret.

🖐 裏方的な be 動詞

be / been

1 ****'** ** $2,000.

2000 ドルになります。

0982
0983
0984

😊 全然大丈夫みたいです。聞き取れました。

😎 そうみたいだね。練習は不要かな。

😊 いえいえ、念のためにやっておきます。

2 ***'* **** ** late.

二度と遅刻するな！

0985
0986
0987

😊 これも問題ないような。

😎 OK。でも練習はしておいてよ。速いから簡単ではないよ。

3 ***** **** *** **** all day?

一日中どこにいたんだ？

0988
0989
0990

😊 have が聞こえません。

😎 よく聞いてごらん。

😊 かすかに言っていますね。

😎 Where have you been ってかたまりで練習しておくほうがいいよ。決まり文句みたいなものだから。all day の所が all week とか all my life とかに変化するだけ。かたまりで覚えておくと have が少々聞こえなくても気にならないから。

😊 been にストレスがありますね。be 動詞にはストレスがこないのでは？

何を強調したいかによるよ。この場合「どこにいたんだ」といなかった過去を強調している。120ページのコラム「ストレスの位置とニュアンス」の I coulda been somebody. の箇所を読んでみて。

4 **'** **** **** **** going out for a couple of weeks.

付き合い始めてまだ2週間程度です。

0991
0992
0993

「付き合う」という単語がどこにあるのですか？

going out だよ。

「出かける」という意味ですよね？

そういう意味になることもあるけど、男女間の間で使うと「交際する」という意味になるね。どちらかというと若い人向けの表現。

そうですか。音的には問題ないみたいです。ナチュラルも教科書発音も似たような感じでしたし。

been の基本は / bɪn /、弱くなって / bən / ね。

◖◗ Listening Quiz

（解答と訳は *p.226*）

ディクテーションをやってみましょう。

① **'** ** **** later today.

0994 0995 0996

② * *****'* **** **** ** focus.

0997 0998 0999

③ I had a feeling ***'* ** ****.

1000 1001 1002

④ **** * **** **** fly fishing?

1003 1004 1005

⑤ I feel great. **** ******* *** this all year.

1006 1007 1008

●例文のディクテーション解答

1 That'll be $2,000.　**2** Don't ever be late!　**3** Where have you been all day?
4 We've only been going out for a couple of weeks.

✋🔊 かたまりで音を覚えよう

there is / there are / here is

1 *****'* **** ** that in here.

ここではそういうのはやめて。

1009
1010
1011

👩 there's の部分に関してはナチュラルも教科書発音も同じですね。

🧑 そうだね。ストレスの違いぐらいかな。

👩 この例文はどういう状況で使われますか？

🧑 文脈ないとわかりにくいよね。たとえば禁煙場所でたばこを吸っている人にいう場合とか。

👩 あ、なるほど。

2 All right. ****'* *** ****.

さあ、ではこうしよう。

1012
1013
1014

🧑 here's the deal は何か提案するときとか、「よく聞いて」「こういうのはどうだ」みたいな使い方。結構耳にする機会は多いと思う。

👩 deal と聞くとすぐに「取引」というのが頭に浮かんで。

🧑 みんなそうだよ。使われているところを何度か目撃すればそういうのはなくなると思う。

3 ***** *** ** **** to read anyway.

読むべきものが多かった。

1015
1016
1017

👩 過去形か。相変わらず was が難しい！

🧑 気持ちはわかる。There's のようにも聞こえるけど was なんだよね。

there wz みたいな感じ。

4 **How many ways** *** ***** ** ** **that?**

1018
1019
1020

やり方は何通り？

ways are がくっついて wayzer って感じですね。

発音記号で書くと / wèɪzɚ / という感じかな。

5 ** ***** ******** **we might have missed?**

1021
1022
1023

ひょっとして何か見逃した？

is の i がなくて zthere という感じでしょうか？ might have が might've で。

うんうん。

we が ing の影響を受けきれいに w の音が出ていないって感じです。

うんうん。

ちゃんと聞くってこういうことなんですね。

Listening Quiz

（解答と訳は p.226）

ディクテーションをやってみましょう。

1 ** *****'* **** in there, that's ok.　　　1024 1025 1026

2 *** **** ***** *** the accident.　　　1027 1028 1029

3 *** *** ***** three?　　　1030 1031 1032

4 *** **** ****? ****'* * little secret.　　　1033 1034 1035

5 ** ***** * reason *** *****'* talked to me about it?　　　1036 1037 1038

●例文のディクテーション解答

1 There's none of that in here.　**2** All right. Here's the deal.

3 There was so much to read anyway.　**4** How many ways are there to do that?

5 Is there anything we might have missed?

内容語でも弱くて聞き取りにくいことがある ((1905

内容語にはストレスがくるためリスニングは大丈夫。とはならないのであまり安心できない。ここでは基本的な動詞でも聞き取りにくい例を紹介する。

① think が聞こえるか

I think I'm just gonna hang here for a bit.

ここで少しぶらぶらしていくよ。

② know が聞こえるか

Where do you know them from?

彼らとはどこで知り合ったのだ？

③ have が聞こえるか

We only have 30 seconds.

私たちには30秒しかない。

④ had が聞こえるか

I had fun.

楽しかった。

⑤ look が聞こえるか

Yeah? You always look nice when I see you.

そう？　いつ会ってもあなたは素敵よ。

小テスト 3

ではこのあたりで小テストをやってみようか。今までやってきた項目が抜けるからね。

3回目ですね。だんだん難しくなるう～。

だんだん現実に近づいていくってことでもあるよ。空欄になっているのは、必須リダクション、談話標識、代名詞、助動詞、be動詞。

はい。

🎤 Oprah Winfrey　　　　　　　　　（(・ 1039

(****), (* ***) worked with (***) on Precious behind the scenes, and (** *) – (*) wanted the opportunity to - to (**) in (***) hands. (** **) a truth seeker, and what David (***) saying earlier about bringing (***) to the monitor, (** ****) literally not let any of (***) actors get away with a breath that's a false moment. And (* ***) testify to that because (**) pulled (**) over to the monitor one day and (**) said, "(****), (***) see how (***'*) learning in here? (***) see how Gloria's learning in there?" (*) said, "Yeah." (**) said "(***) see?" (**) took a breath. "Drop the breath." (**), (**)..(*) went, "Drop the breath? (***) mean like don't breathe?" (**) goes, "(*) don't (*****) hear (**), don't (*****) see (**)."

（『映画★スターインタビュー』p.24　コスモピア刊）

小テスト 3 解答と解説

Oprah Winfrey

1039

(**Well**), (**I had**) worked with (**him**) on Precious behind the scenes, and (**so I**) – (**I**) wanted the opportunity to - to (**be**) in (**his**) hands. (**He is**) a truth seeker, and what David (**was**) saying earlier about bringing (**you**) to the monitor, (**he will**) literally not let any of (**his**) actors get away with a breath that's a false moment. And (**I can**) testify to that because (**he**) pulled (**me**) over to the monitor one day and (**he**) said, "(**Look**), (**you**) see how (**she's**) learning in here? (**You**) see how Gloria's learning in there?" (**I**) said, "Yeah." (**He**) said "(**You**) see?" (**he**) took a breath. "Drop the breath." (**So**), (**uh**)...(**I**) went, "Drop the breath? (**You**) mean like don't breathe?" (**He**) goes, "(**I**) don't (**wanna**) hear (**it**), don't (**wanna**) see (**it**)."

全部というわけではないけど、結構聞き取れました。練習してまだあまり時間が経っていないというのもあるかもしれませんが。

答えを見て間違っていたところは復習しておこうね。

はい。

6

前置詞

　前置詞は前後の単語と化学反応を起こしやすいため日本人が苦手とする要素の宝庫。ここで取り上げるのはその代表的なもの。それ以外の前置詞、たとえば in や on などは自分で練習をしてほしい。このあとの小テストなどではすべての前置詞を対象にする。

🤚 at

🤚 of

🤚 from

🤚 for

🤚 with

🤚 to

🤚 except

✋⚡ 原型をとどめない at

at

1 ****, ** ***** it got you talking.

2000 ドルになります。

1040
1041
1042

😊 どこに at があるのでしょう？ 待ち構えていたんですけど。

🤓 待ち構えていても聞き取れない at だね。at には泣かされるよ。at least なんてその最たるもの。at の t は呑まれて発音されず次の瞬間には次の単語へ移行していく。速くて大変だけどしっかり発音練習をしておいて。慣れると瞬間的な at least も聞き取れるようになるから。とりあえずクイズにも出題しておくね。

😊 はい。

2 * *** ***** ** ****. ***** *** this big problem.

仕事で手が離せないんだ。問題が発生していてね。

1043
1044
1045

😊 これは何とか at を認識。work の k も呑まれていますね。それにしても I was の難しさったら。前に練習したのに was を認識できませんでした。

🤓 there was は？

😊 そこは大丈夫でした。

🤓 少しずつ改善されているじゃない。

😊 本当ですか！

3 He says ** *** ** ****.

彼は家にいたと言っている。

1046
1047
1048

また was 出たよ。

聞き取れませんでした。その代わり at home は聞き取れませんでした。

そうか、よかったじゃないか……ん？

ぐすん。

ま、頑張れとしか……

4 She ran into him ** ** ******.

彼女は彼にオフィスで鉢合わせした。

1049
1050
1051

あらあ、これも難しい。into him at は intoimat とかたまりですね。

そうだね、ran から my まで / rǽnìntəImə(t) mɑI / かな。

教科書発音は非常にクリアで聞き取りやすいです。単語が連続しているというよりまるで個々独立しているような。

でも慣れてくるとナチュラルのほうを好むようになると思うよ。

そういうものですか。

🎧 **Listening Quiz**

（解答と訳は *p.*226）

ディクテーションをやってみましょう。

❶ * *** *** ** *** wedding.　　1052 1053 1054

❷ ** *** ** *****, but not anymore.　　1055 1056 1057

❸ Maybe he got held up ** *** *******.　　1058 1059 1060

❹ Why aren't you ** **** ** ***?　　1061 1062 1063

❺ *** * ** ***** meet her first?　　1064 1065 1066

●例文のディクテーション解答

1 Well, at least it got you talking.　**2** I was stuck at work. There was this big problem.
3 He says he was at home.　**4** She ran into him at my office.

どこにでも顔を出す前置詞

of

1 **And you tell him no one ***** ********* ** **.**

彼に伝えておいてほしい、誰も我々の弱みに付け込ませはしないと。

1067
1068
1069

😎 前にも説明したけど of に子音が続くか母音が続くかで現象が異なるからね。

🙂 母音が続く場合は of の v が残って連続するんでしたね。of us は /əvəs/ って感じですね。

😎 お、発音記号で書けるようになってる！　advantage は？

🙂 真ん中の t がなく / ədˈvɑːnɪdʒ /。

😎 すごい！

🙂 先生、日本語訳の「弱みに付け込む」というのはどこから出てくるんですか？

😎 take advantage of だね。「うまく利用する」と肯定的な使い方だけでなく「付け込む」と否定的な使い方もある。否定的な使い方では「セクハラする」という意味にもなったりするので要注意だね。

2 ***** ***** ** ***. I've never met him.**

名前を知っているぐらいで会ったことはありません。

1070
1071
1072

🙂 お、これはわかりやすい。というか of にストレスがありませんか？

😎 あるね。of を強調しているからね。know of him は名前ぐらいは知っている。know him だと実際に会ったことがある、みたいなニュアンスの違いがあって know of は of を強調することが多い。こういう例も紹介しておこうかなと思って。

🙂 そうか、だから of を強調し、さらに I've never met him で念押し

をしているのですね。ここの him はいずれも h が発音されていて聞き取りやすかったです。

3 You're * ** ****.**　　1073
1074
あなたもその一員でしょ。　　1075

聞き取れました。へへ。them の th が消えていますね。em と母音から始まるから of の v が残っています。

すばらしい！

4 He paid * * ** ***** for it.**　　1076
1077
彼はそれに大金を払った。　　1078

これは子音だから of の f が消える例ですね。

そう。lot の t は d に変化するから / lɒdəv /。

Listening Quiz　　（解答と訳は *p.226*）

ディクテーションをやってみましょう。

❶ Does anyone want *** **** ** **** coffee?　　1079 1080 1081

❷ Why don't you break up with *** ** ****?　　1082 1083 1084

❸ And while we're on the ******* ** ****.　　1085 1086 1087

❹ ***** ** ***, it's not my story.　　1088 1089 1090

❺ ***** ** * *** ** alcohol in it.　　1091 1092 1093

❻ That's because I'm ** ***** ** ****.　　1094 1095 1096

●例文のディクテーション解答

1 And you tell him no one takes advantage of us. **2** I know of him. I've never met him. **3** You're one of them. **4** He paid a lot of money for it.

✋👂 原型を感じさせない音もある

from

1 ***** **** downstairs?**

1097
1098
1099

下の階のトムのこと？

👧 Tom と downstairs は聞こえました。肝心の from は……

👨‍🦱 普通は / frəm / だろうけど、さらに弱くなると / frm / とか / fm / みたいになることも。ここはどれだろうか？

👧 スローで確認してみると / fm / って感じです。もう from じゃないですね。

2 **Who's **** ****?**

1100
1101
1102

これは誰からもらったの？

👧 とっても簡単でした。

👨‍🦱 語尾に前置詞がくるとはっきり発音する傾向があるからね。to も語尾にくると強く発音されるからね。

3 ****, cars can ** **** ******** \$18 a day.**

1103
1104
1105

車は一日 18 ドルからレンタルできます。

👧 あ、um だ。練習したのが出るとうれしい。ここの from は /frm/ という感じですね。

👨‍🦱 しっかりと耳を傾ける癖がついてきたね。

4 ****** *** **, let's just stick to fish.**

1106
1107
1108

今後は魚料理のみにしましょう。

この from は / frəm / かな。もう少し弱いような気がしないでもないですが。

from にもいろいろとバリエーションがあるね。

> **5** **My side still hurts** **** **** *** **crashed into me yesterday.**
> あなたが昨日ぶつかった横腹が痛むの。

1109
1110
1111

この from も難しいですけど、from よりもむしろ長い文になると別の難しさがありますね。

なるほど。そういうときは thought group を思い出そう。本例は一気に発話されているけど、とりあえず from の前で区切ることができるね。

Listening Quiz

（解答と訳は p.226）

ディクテーションをやってみましょう。

❶ You didn't get ******** **** ***?　　1112 1113 1114

❷ They said there's still ** **** **** ***.　　1115 1116 1117

❸ ***'** **** **** it if it's in the bank?　　1118 1119 1120

❹ Did he say ***** ** ****** ****?　　1121 1122 1123

❺ ***** **** *** ** I should just come on the weekends.　　1124 1125 1126

●例文のディクテーション解答

1 Tom from downstairs?　**2** Who's this from?　**3** Um, cars can go from anywhere $18 a day.　**4** From now on, let's just stick to fish.　**5** My side still hurts from when you crashed into me yesterday.

for

1 Do you **** *** ***** *** tonight?

今夜予定ある？

1127
1128
1129

🙎 ひとかたまりで覚えておくといいと言われた do you have any ですね。

😎 聞き取れた？

🙎 はい、一度で。

😎 よかった。for tonight は？

🙎 for は弱く / fə / ぐらいで、tonight の最後の t が d よりかな？

😎 そうだね。最後の t は？

🙎 呑み込まれています！

2 *** *** *** **** I could be an artist.

ひょっとすると僕は芸術家になれるかもね。

1130
1131
1132

😎 for all one know は知らないということを強調する表現で、映画などにはよく登場するからね。

🙎 イディオムだから丸ごと覚えておくということですね。

3 She touched my bicep *** ****** out loud!

彼女は僕の二頭筋に触ったんだ！

1133
1134
1135

🙎 for crying out loud って何でしょう？　映画でよく耳にするんですけど。

😎「！」を言葉で表現したもの。たとえば Stop talking! を Stop talking for crying out loud. と言うと「!」を言葉で表現している。

🙂 へえ……。

4 *** **** **'* **worth, I think that you're doing great.**
慰めになるかどうかわからないけど、あなたはうまくやっていると思う。

1136
1137
1138

😎 今まで見てきた for はいずれも弱いよね。この例もね。

🙂 for what it's worth もイディオムっぽいですね。

😎 イディオムだよ。自分の意見が相手にとって価値があるかどうかわからないときの前置きのようなもの。「一応言っておくと」とか「大したことではないかもしれませんが」とかね。でも控えめな態度を匂わせておいて自信満々という皮肉の使いかもあるからね、文脈次第。

🙂 へえ、これも難しく考えないで丸ごと覚えることですね。

Listening Quiz

（解答と訳は p.226）

ディクテーションをやってみましょう。

❶ ***'** **** ** *** 24 hours! Go to sleep.　　1139 1140 1141

❷ *** *** * ****, she's trying to find me.　　1142 1143 1144

❸ Better think of a *** **** *** ***.　　1145 1146 1147

❹ *** **** **'* *****, they didn't want to do the show.　　1148 1149 1150

❺ (That)'s good. *'* ***** *** ***.　　1151 1152 1153

❻ There was three of us *** ****** *** ****!　　1154 1155 1156

●例文のディクテーション解答

1 Do you have any plans for tonight?　**2** For all you know I could be an artist.

3 She touched my bicep for crying out loud!

4 For what it's worth, I think that you're doing great.

143

🖐 時に消える th

with

---

1 **I had * **** **** **** my mom.**

ママといっぱい話をした。

1158
1159

😊 with がかろうじて聞こえるレベルです。

🤓 これが日本人を悩ませる典型的な with の例ね。こういう with が多くて困る。with の th は発音されていないと思う。舌が th のポジション（上下の歯の間を舌先でふさぐ感じ）のままで息は出さず my の m に移行するって感じ。発音練習を頑張って。

---

2 **Everything's fine except * ***** ** **** ***.**

すべて順調。彼と別れたこと以外は。

1160
1161
1162

🤓 break up with... は「〜と別れる」。

😊 with him が withim かと思いきや h が残ってちゃんと him ですね。

🤓 h は消えると強調しすぎたかな。すべて消えるわけではないからね。でもちゃんと聞いているからこその気づきだよね。

---

3 **Did she cry? When you told her *** *** ** ***** ** **** ***?**

彼女、泣いちゃった？　あなたが別れると伝えたときに？

1163
1164
1165

😊 わ、長い！

🤓 でもね、did she / told her / had to / with her と個別に取り上げてきたものがいっぱい含まれているよ。

😊 そういえば、今までの練習の集大成のような……でも tolder とか

wither には聞こえますけど、それが told her や with her だとすぐに気がつかなくて。

たくさん聞くことね。you had to もすごく弱くて難しいと思う。

4 ****'* **** the neck?

1166
1167
1168

首、どうかしたの？

What's with...? は「〜に何があったのか」「〜はどうしたのか」のような決まり文句ね。

with の後には何が来てもいいのですか？

基本的に名詞や代名詞かな。これも丸ごと覚えておけば with の弱さなど気にならなくなるからね。ちなみにこの with の th も発音されていないね。

発音練習をしっかりとしておきます。クイズに出ますか？

どうかな。

Listening Quiz

（解答と訳は p.227）

ディクテーションをやってみましょう。

1 I'm almost **** **** **. 1169 1170 1171

2 It's gonna be cool ******* **** ****. 1172 1173 1174

3 How come I'm ******* **** ***. 1175 1176 1177

4 I haven't had a chance to be ***** **** *** yet. 1178 1179 1180

5 We're gonna **** **** *** **** ***. 1181 1182 1183

6 ****'* **** you? 1184 1185 1186

●例文のディクテーション解答

1 I had a long talk with my mom.　**2** Everything's fine except I broke up with him.

3 Did she cry? When you told her you had to break up with her?

4 What's with the neck?

4種の発音

to

前置詞だけではなく不定詞の to も取り上げるね。音的には同じ問題を抱えているので。

前置詞と不定詞の to はどう違うんでしたっけ？

前置詞だと後ろに名詞とか名詞句がくるけど、不定詞の場合は動詞がくるよ。to は発音を / túː / tə / də / ə / の4通りに変化させる。

1 But I always make him **** ** ** *****.

彼にはいつも私の家に来てもらう。

1187
1188
1189

文全体が 1.4 秒で come to の部分は 0.2 秒。文字を見ないと come to と認識できないかもね。

できませんでした。

そうか。to は弱く / də /。

make him は / meɪkim / ですね。always も難しいんですけど。

2 Remember when ** **** ** Central Park?

セントラルパークに行ったときのことを覚えている？

1190
1191
1192

when we went と w で始まる単語が続き we went が明瞭ではないね。went の t は to の t に吸収されて / wéntə /。ちなみに文全体は 1.6 秒という高速さ。

went to がこんなに難しいとは。

ほんとだよね。文字で見ると中学生レベルなんだけど。

3 I'm ****** ** play **** ** get.

そんな簡単には誘いに乗らないわよ。

1193
1194
1195

👧 play hard to get って「誘いに乗らない」という意味なのですか？

😎 そうだね。映画などではときどきお目にかかるよ。「軽い女だと思われたくない」みたいなシチュエーションで。to が2回登場してるね。trying to の to は / ə /、to get の to は / də /。

👧 同じ to でも微妙に変化してますね。

4 I couldn't **** ** * ****** **.

したくてもできないだろ。

1196
1197
1198

👧 あ、これは簡単かも。

😎 to が文末にくるとゆっくりと発音されるのでお馴染みの発音の / túː / だからね。

🎧 Listening Quiz

（解答と訳は p.227'）

ディクテーションをやってみましょう。

❶ She'll **** ** *** senses.

1199　1200　1201

❷ So why don't you ** **** ** ***?

1202　1203　1204

❸ Actually, ** **** ** ** ** school together.

1205　1206　1207

❹ *'* ***** ** ** the bathroom.

1208　1209　1210

❺ ***** **** ** my place?

1211　1212　1213

❻ So when ** ** *** ** **** the guy?

1214　1215　1216

●例文のディクテーション解答

1 But I always make him come to my place.　**2** Remember when we went to Central Park?　**3** I'm trying to play hard to get.　**4** I couldn't even if I wanted to.

147

except

1 Everything's fine ****** * ***** ** with him.

すべて順調。彼と別れたこと以外は。

1217
1218
1219

👩 この例文、前にもありましたね。だから聞きやすいのかな？　でも except が accept に聞こえなくもないのですが。

👨 ネイティブでもそうだよ。accept を except と書く人いるから。ただ意味などは取り違えていないから、単なる勘違いだけど。

👩 へえ〜。

👨 ちなみに except の後ろは「主語＋動詞」なので、この except はは接続詞ね。

2 Pretty well. ****** *** the injury.

大丈夫だよ、ケガしたけどね。

1220
1221
1222

👩 あ、これは難しいかも。e がなくて xcep って聞こえます。それに for がものすごく弱いです。

👨 for が一瞬だね。「except for+ 名詞」は「〜を除いて」というイディオムだから for が弱くても大丈夫。というよりむしろ弱くなる。

👩 クイズに出してください。

👨 リクエスト、頂戴致しました！

3 ****** *** ***** the game, I saw them all.

たぶんその試合以外は全部見たよ。

1223
1224
1225

👩 この for も弱いですね。

😊 そうだね。except が文頭にくる場合は except for が使われることが多いかな。でもクイズに for がつかない例も出しておくね。

👧 for があるかないかを聞き分けるわけですね。チャレンジします！

---

4 **Nobody calls you ****** *** **.**

あなたに電話するのは私だけ。

1226
1227
1228

😊 気がついたかな。except が使われるときには everything とか nobody とか all とか、何かまとまりのある単語が来ていることに。「これだけあるのに、これだけは」みたいな感覚が except。とはいえいつもそんな単語が同居するわけではないけどね。

👧 あ、なるほど。だからひとつ前の例文 Except for maybe the game に maybe があるのは I saw them all の all を「すべて」と言い切る自信がないからだ！

😊 ニュアンスがわかってきたね。

🎧 Listening Quiz

（解答と訳は p.227）

ディクテーションをやってみましょう。

❶ ****** **** * ** want to get married.　1229 1230 1231

❷ ****** *'* *** ***** home. I'm going with my friends.　1232 1233 1234

❸ Nobody cares ***** **** ****** you!　1235 1236 1237

❹ No reason, ****** *** **** **.　1238 1239 1240

❺ Everything was great ****** *** *** thing.　1241 1242 1243

❻ Things were going great ****** *** *** *****.　1244 1245 1246

●例文のディクテーション解答
1 Everything's fine except I broke up with him.　**2** Pretty well. Except for the injury.
3 Except for maybe the game, I saw them all.　**4** Nobody calls you except for me.

出だしが消えるとき ((1906

① **That sounds about right.**（おおよそそんな感じだ）
② **(Th)at sounds about right.**
③ **(That) sounds about right.**

　最初のセンテンスはすべての音が発音されているが、2番目のセンテンスは th が欠けている。そして3番目になると that が丸ごと落ちる。
　次の2例も同様である。

④ **That's what he said.** → **'s what he said.**　彼はそう言ったよ。
⑤ **This is a nice apartment.** → **sis a nice apartment.**　いいアパートだね。

　出だしが消えると、消えない場合よりもわかりにくくはなるが、問題なさそうなものもある。頭が消える例を次に紹介する。どのような感じになるか体感してほしい。

⑥ **(If) there's a window open, a bird could fly in there.**
　もし窓が開いていれば鳥が飛び込んでくるかもしれない。

⑦ **(If) there's a story, I'll find it.**　もし経緯があるなら自分で見つけるよ。

⑧ **(If you) ever want to redo your room, I'll help you.**
　もし部屋を修理するなら手伝うよ。

⑨ **(I w)as kinda hoping that wouldn't be an issue.**
　それが問題にならないことを祈っています。

⑩ **Yeah, (that)'s probably a good idea.**　きっとそれはいいアイデアだと思う。

⑪ **(She) may have asked me to do a few things, but I'm happy to help.**　彼女は私にやってほしいことがあったかもしれない、私は喜んでお手伝いします。

⑫ **(She's) made her choice.**　彼女は自分で決断した。

⑬ **(He) doesn't know how to do it.**　彼はやり方を知らない。

　（　　）の中が聞こえない。文脈があれば意味を再現できそうなもの、あっても無理そうなもの、と様々であるが、ネイティブは少々抜けて落ちても聞き返したりしない。欠けても補えるだけの経験を有しており、同じ経験ができない日本人は多量のインプット、つまり多聴によって補完するしかないだろう。このように多聴でしか身につかない英語というものも存在する。

7

接続詞

　接続詞も日本人泣かせ。その中の代表的なものを取り上げて練習しよう。ここの区分は接続詞であるが文法的には接続詞として使われていないものも混じっている。たとえば than や till が前置詞として登場したり、when が関節疑問詞として登場したりすることもあるがご容赦を。and then や but then もよく使われるので一緒に練習しておこう。

✋ **and / but**

✋ **or / than**

✋ **as / because**

✋ **if / till**

✋ **that / since**

✋ **when / while**

✋ **and then / but then**

and / but

---

1 **** **** *** *** bring it back to me.

これに記入して持ってきてください。

1247
1248
1249

👓 この and はどんな and かな。一般的には and の d が呑まれて an のみ残るのだけど。

🙂 n しか残っていないような。

👓 そうだね。out-n という感じかな。アメリカで人気のバーガー屋さんに IN-N-OUT BURGER というお店があります。この真ん中の N が and の略ね。

😊 Rock 'n' Roll もそうですね。

---

2 Looks like it's **** *** *** **.

僕たちしかいないみたいだね。

1250
1251
1252

😊 これも n だけですね。

😆 正解！

🙂 むむ、it's が意外に侮れないぞ。

---

3 *** *****'* ** bother you?

気に障りません？

1253
1254
1255

😊 おっと、この but の存在感のなさ。

😆 でもしっかりと but だよね。最初の b ぐらいで終わることもあり、でもそういうのにいったん気がつくと but に対する反応が変わってくるよ。

😊 本当ですね。一瞬なのにちゃんと but に聞こえる不思議。

4 I hate to admit it, * *'* *******.**

認めたくはないけど、僕は緊張してるよ。

1256
1257
1258

😊 これは but I のつながりの練習かな？

😎 だね。but の t が d よりになり I につながっていき、/ bədάɪ / となります。

😊 hate to... は、「〜したくない」ということなのですね。hate と聞くと「憎む」という日本語が浮かんできてしまって。

😎 憎むという意味もあるけど、どちらかというと「気乗りしない」というニュアンスで使うことが多いかも。

（解答と訳は p.227）

Listening Quiz

ディクテーションをやってみましょう。

❶ *** *** ******* we went through five?　1259 1260 1261

❷ *** **'** **** had one job.　1262 1263 1264

❸ Why did you **** *** **** ** tonight?　1265 1266 1267

❹ *** *** ******'* ** take it with him?　1268 1269 1270

❺ You know how ostriches are birds *** **** ***'* fly?　1271 1272 1273

●例文のディクテーション解答

1 Fill this out and bring it back to me.　**2** Looks like it's just you and me.
3 But doesn't it bother you?　**4** I hate to admit it, but I'm nervous.

153

or / than

1 **Are they polished ** *******?**

1274
1275
1276

(爪を) 磨いてる、それともナチュラル？

👓 or は強く読むときは / ɔr / だけど弱くなると / ər /。

👧 polish tər natural みたいに聞こえます。

👓 そんな感じ。polished の最後は t だしね。

👧 they って指のネイルを指しているんですね、この場合。

👓 文脈しだいでどのような意味にでもなるね。

2 **Maintain ** ** ***** 2000 till established.**

1277
1278
1279

ルートに乗るまで高度 2000 もしくはそれ以上を保ってください。

👓 これって管制塔から飛行機への指示ね。聞き慣れないけど。

👧 at or above がひとかたまりって感じで格好いいです。

👓 till があるけどこれも強敵。後で別途取り上げるけど。

3 **It's ***** **** ****.**

1280
1281
1282

それよりは古いよ。

👓 than も手こずる接続詞のひとつ。ここでは前置詞だけど。

👧 聞き覚えのある than より全然弱いです。

👓 ストレスがあると / ðˈæn /。弱くなると / ðən /。母音を無視する
と / ðn /。

👧 母音を無視って、そんなのありですか？

4 **This is different coffee** **** ** ******* ****.

1283
1284
1285

いつものコーヒと違うね。

🙂 than が then に聞こえます。

😎 / ðən / だからね。あながち間違っていないかも。

🙂 教科書発音で聞いても than ってクリアに聞こえないから、やっぱり than って難しいですね。

5 **More so** **** ******** **else.**

1286
1287
1288

他のものとはくらべものにならない。

😀 ん、なんだかはっきり聞こえる。私、成長した？

😎 他のと同じ than だと思うけど。

😀 th がクリアになってるようなような。

（解答と訳は *p.*227）

🎧 ▶ **Listening** **Quiz**

ディクテーションをやってみましょう。

❶ **It's** ******* **** ****.　　　　　　　1289 1290 1291

❷ **You want in on this deal** ** ***'* ***?　1292 1293 1294

❸ **So are we gonna get together** ***** ** ****?　1295 1296 1297

❹ **Well, she's got** ***** ***** **** ***.　1298 1299 1300

❺ **No, I didn't. I can do** ****** **** ****.　1301 1302 1303

●例文のディクテーション解答

1 Are they polished or natural?　**2** Maintain at or above 2000 till established.
3 It's older than that.　**4** This is different coffee than we usually have.
5 More so than anything else.

元の形がない！

as / because

😎 because だけど be が取れて cause とか 'cause とか、cuz とか綴られることあるからね。前もって言っておくと。

1 ** *** ** ** we'd known each other for years.

もう知り合って何年も経っているって感じだったね。

1304
1305
1306

🙂 would のクイズで出てきたやつだ。

😎 すごい。よく覚えているね。

🙂 へへ。でも改めて難しいなと思います。it was のパターンは練習したし、we'd のパターンも練習したし、それに今回の as でしょ。本来ならこのセンテンスはもう少し楽に聞き取れてもいいと思うのだけど。

😎 焦らない。そもそも苦手な領域を練習しているのだから、短時間で成果は望めない。音のバリエーションを聞き分けるなんて高度な技だから。文字で見れば簡単だから少しの練習で身につくと錯覚するけど、数をこなさないとね。ということで as の練習をもうひとつやってみよう。

2 I'm going to try and do ** **** ** * ***.

もう知り合って何年も経っているって感じだったね。

1307
1308
1309

😎 この as~as のパターン重要だからね。特に as に注目してそのリズムを覚えようね。

🙂 はい。考えてみるとこのセンテンスも今までの集大成っぽいですよ。gonna でしょ、and でしょ、as でしょ、それに can。

3 Well, that's the thing. For me it's ** *** ** ** *** ever go.

そういうことなんだ。僕にできるのはそこまでなんだ。

1310
1311
1312

😀 as がふたつあるのにひとつしか聞こえません。

😎 ふたつ目の as だね。でもこんな感じが一般的なんだ。

4 **It doesn't matter ***** *** **** I can't go.**
1313
1314
パパが行くなというから（その件は）もうどうでもいいです。
1315

😎 とりあえず最初の it は言ってないね。

😀 because は、原型をとどめていませんよ。

5 ***** * ******* **invited her.**
1316
1317
だってもう彼女を招待したから。
1318

😀 cause が一瞬ですね。でも聞き取れます。because ではなく
cause で待ち受けているだからだと思いますけど。

😎 それでいいよ。

ılı Listening Quiz

（解答と訳は p.227）

ディクテーションをやってみましょう。

❶ This weather's not ** **** ** ****'** reporting.　1319 1320 1321

❷ ******* **** ***** we're the perfect couple.　1322 1323 1324

❸ I drove up here ** **** ** * *****.　1325 1326 1327

❹ I knew you look great *** * *** *** on the
cover of your book.　1328 1329 1330

❺ We came over ** **** ** ** ***.　1331 1332 1333

●例文のディクテーション解答

1 It was as if we'd known each other for years.　**2** I'm going to try and do as many as I can.　**3** Well, that's the thing. For me it's as far as it can ever go.
4 It doesn't matter cause dad said I can't go.　**5** Cause I already invited her.

if / till

1 * ***'* **** ** I've told you this, but...

前に話したことあるかもしれないけど。

1334
1335
1336

😊 if がどこにあるのでしょうか？　I don't know も聞き取れませんでしたが。

😎 I don't know は 'n know って感じかな。if は弱いけどちゃんと発音されているよ。if は f だけになることもあり、まったく発音されない場合もあるから質が悪い。

2 ** *** **** **** ** to do it, I would do it.

それをやれって言われればやるわよ。

1337
1338
1339

😊 ever から始まっていますか？

😎 そう思うのも無理ないね。でも ever の前に if you の i が取れて few /fjúː/ のような発音、それをさらに弱くしたような音。その音を出すか出さないかで ever に移行していく、とそんな感じ。

😊 で、結局 if you (fyu) は発音されているのですか、されていないのですか？

😎 発音しているような感覚が残る。もう一例行こう！

3 ** *** **** *** me in that uniform...

僕の制服姿を見たら、そりゃもう……。

1340
1341
1342

😎 ever から始まっている？　それとも ever の前に何かあるような気がする？

何かあるような気がします。この何かが if you ？

極限まで弱くなると聞こえなくなることもある。けど感覚が残るんだよね。このパターンをクイズに一問出題しておくね。

4 **** **** * **sit down.**

座るまで待って。

1343
1344
1345

ふむ……sit down は聞こえましたが。

wait till が wait'll となったと考えよう。実際に wait'll と綴ることもあるし。till は tll って感じ。

5 *** **** *** **break up** **** ***.

あなたが彼と別れるまではダメ。

1346
1347
1348

あ、これは問題なし。with him もなぜか聞こえました。

よかった。

（解答と訳は p.228）

ıı ıı Listening Quiz

ディクテーションをやってみましょう。

❶ *'* ***** **** **** **after we order.**　1349 1350 1351

❷ * ***'* **** ** **you know this, but...**　1352 1353 1354

❸ It's not gonna **** **** ***** **today.**　1355 1356 1357

❹ ** ** *** ** **** **his family, you know he would.**　1358 1359 1360

❺ *** *** **** ** ** *** **have any questions about your work.**　1361 1362 1363

●例文のディクテーション解答

1 I don't know if I've told you this, but...　**2** If you ever told me to do it, I would do it.　**3** If you ever see me in that uniform...　**4** Wait till I sit down.
5 Not till you break up with him.

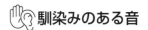

馴染みのある音

that / since

---

1 It's *** **** **** she's cute. **'* **** **** she's really cute. 彼女は単にかわいいということではなく、彼女はすごくかわいいということだ。

1364
1365
1366

that は確かにつかみにくいけど、音的には大丈夫そうです。

just that の「ポンポン」という弾むようなリズムを練習しておいて。it's (not) just that のパターンは映画などでよくお目にかかるから。

---

2 ** ***** **** * almost slept through this. まさか危うく寝過ごすなんてね。

1367
1368
1369

that I almost あたりが心もとないですけど大丈夫ですね。that は次に子音が続くか母音が続くかを意識していれば大丈夫みたいです。

そこ説明してくれる？

子音が続けば that の最後の t が呑み込まれ、母音が続けば t が d よりの音になって連続します。よく見ると think / that / almost / slept と t で終わる単語の連続ですね。ところで「まさか」という意味はどこからくるのですか？

to think that... は「～とは驚いた」とか「～だなんて悲しい」のようなイディオムだよ。

---

3 ****, ***** **** *** ** agree to have a baby? 一体いつ子どもを作ろうってことになったんだ？

1370
1371
1372

since when という言い方が新鮮というか珍しいです。

😎 相手が意外なことを言ったときの返しによく使われるね。

🧑 驚いているとか、そんな感じですか？

😎 そうだね。あと皮肉っぽく使うこともあるかな。ところでここの since は前置詞だね。ま、細かいことはいいか。

🧑 なるほど。音的には since when よりも did we が強敵でした。

4 It's been pretty bad around here ***** ** ********.

その事件以来このあたりはひどいもんだね。

1373
1374
1375

🧑 この since は馴染みのある発音で、ほっとします。

😎 it's been も大丈夫だった？

🧑 it's been は 's been って感じでした。has のところで練習したパターンと同じだったので。

😎 お、少しは成果でてるね。

‖ ‖ Listening Quiz

（解答と訳は p.228）

ディクテーションをやってみましょう。

❶ I haven't **** *** ***** ** *** a senior.　1376 1377 1378

❷ Well, **'* **** **** the last time * *** ***, I was fine.　1379 1380 1381

❸ We have already proved **** ** *** *****!　1382 1383 1384

❹ ***** **** ** *** watch the news?　1385 1386 1387

❺ ** *** **** **** **** ** **** stuff came from me?!　1388 1389 1390

❻ You haven't done this ***** * *** ******.　1391 1392 1393

●例文のディクテーション解答

1 It's not just that she's cute. It's just that she's really cute.　**2** To think that I almost slept through this.　**3** Well, since when did we agree to have a baby?
4 It's been pretty bad around here since it happened.

入れ替わっても気がつかない？

when / while

1 ******** **** *** were a kid?
　1394
　1395
　1396

子どものころを覚えている？

remember when のパターンは今までに何回か出てきたので、なんとなく耳に馴染んできた感じがします。でもここの remember は若干頭の re が落ちているような気がします。

124 ページの「is / were」のコーナーの 5 番目（125 ページ）に remember when 例文があるからそれをもう一度聞いてごらん。やっぱり最初が切れているように聞こえるから。かすかに聞こえるかなというものもあるけど。人によって出だしの r を強く出す人もいるけど、ここの例のような remember もあるんだね。

そうかあ……。

2 You ****** ** ** ** when / while I was looking at the brochures.
　1397
　1398
　1399

カタログを見ているときに君が不意に入ってきた。

walk in on には「不意に」という意味が含まれるんですか？

そうだね。予期していないときに入ってくるというニュアンスね、部屋とか事務所だとかに。見られたくないものを見られたとか、うっかり入っていってしまうとか。

なるほど。というとこの人はカタログを見ている所を見られたくなかったということですね。ところでなぜ when / while なんですか？

教科書発音とナチュラルで違うからね。聞き比べてごらん。どちらでも意味が変わらないという例としてね。

3 You're lucky *** **** ** ***** the turkey's still hot.

1400
1401
1402

七面鳥がまだ温かいうちに到着できてラッキーだったね。

🙂 スローでなければ while を認識できませんでした。速くすると一瞬で目の前を通り過ぎるという感じで。

😎 映画の中ではこんな感じの while が多いよ。

🙂 では慣れなくては。

4 You look at that ***** *'* ****.

1403
1404
1405

私が席を外している間にそれに目を通して。

🙂 ここの while は聞き取れました。

😎 よかった。

🙂 でも look at that が危なかったです。

|| Listening Quiz

（解答と訳は p.228）

ディクテーションをやってみましょう。

❶ He tried to bolt **** ** ****** *** up.　　1406 1407 1408

❷ You get started on this one ***** *'* ****.　　1409 1410 1411

❸ You want me to deposit the check ***** *'* *****?　1412 1413 1414

❹ **** ** ***** ** women, you're a true democrat.　1415 1416 1417

●例文のディクテーション解答

1 Remember when you were a kid?　**2** You walked in on me when / while I was looking at the brochures.　**3** You're lucky you made it while the turkey's still hot.
4 You look at that while I'm gone.

覚えるべし

and then / but then

😎 この表現はぜひ覚えておいて。もちろん音的にね。

1 **I was like "Okay"** *** **** * *** ** **run back in.**　1418
1419
私は「わかった」と返事して急いで戻ったよ。　1420

😎 どう？

👩 and then にはついていけます。むしろ had to にやられました。ところで I was like の like はどういう働きをしていますか？　談話標識の like でもなさそうだし、「〜のような」ともちょっと違うし。

😎 I was like は I said がカジュアルになったもの。テレビ映画の *Friends* や *The Hills* にはよく登場するし、最近の人も使うけど、ネイティブ以外の人が使うと「イタイ」印象を与えるらしいので、聞いてわかれば OK としよう。

2 **I thought we had a good time** *** **** ***　1421
***** **called.**　1422
楽しいひと時を過ごしたと思っていたけど、あなたは連絡してこない。　1423

👩 ちょっと速いけど、これも大丈夫でした。

😎 でも発音練習はしておいてね。頭だけで理解するのではなく。

👩 はい、わかりました。

3 **I can get a quick bite to eat,** *** **** * **** **　1424
come back up here.　1425
手っ取り早く何か食べてこようか、でもまたここに上がってこないといけ　1426
ないしな。

but then は前に言った意見を覆すような意見をつなげるときに使うよ。

なるほど。考え直しているようなニュアンスですね。but だけでもよさそうですけど then がつくんですね。

4 *** **** *****, perhaps I won't.

1427
1428
1429

とは言うもののたぶん僕はやらないよ。

この again がピンときません。意味は but then と同じですか？

同じだよ。but then gain という言い方もよくするね。他には but がない then gain という言い方もある。

but があると覆すという感覚は想像できますが、then gain と but がなくても前の意見を覆すのですね。

（解答と訳は p.228）

Listening Quiz

ディクテーションをやってみましょう。

❶ I will speak to her, *** **** *'** sort things out **** **** personally.
1430 1431 1432

❷ I wanna quit, *** **** * ***** I should stick it out.
1433 1434 1435

❸ After they roll the dice, take a beat, *** **** ** **** **.
1436 1437 1438

❹ I could, *** **** ***'* **** no reason to talk to me later.
1439 1440 1441

❺ Well, she was shocked when I told her, *** **** ***** so were most people.
1442 1443 1444

●例文のディクテーション解答

1 I was like "Okay" and then I had to run back in.　**2** I thought we had a good time and then you never called.　**3** I can get a quick bite to eat, but then I have to come back up here.　**4** But then again, perhaps I won't.

音の変化を生む子音の連続 ((1907

（1）破裂音の連続 [p / t / k / b / d / g]

単語の語尾が破裂音の場合、その音は発音されない。発音に必要な時間のみ、息を止める。本書ではそれを「音を呑み込む」と表現しているが、次に続く単語が同じ破裂音で始まる場合に少し注意が必要になる。

① **Why don't I just <u>start taking</u> my pills now?**　薬を飲み始めるとするか。

start taking は t で終わり t で始まっている。このような場合 start の t で息を止め t の発音に必要な時間のみそのままホールドし、次の taking の t の所でリリースする。もし息をホールドしないと star taking と聞こえる。逆に start の t を発音してしまった場合 start a taking と a が付加されたように聞こえてしまう。しっかりと最初の t をホールドし、次の t でリリースしよう。

② **<u>Stop playing</u> with the lights.**　ライトで遊ばないで。
③ **He can have his <u>job back</u>.**　彼は仕事を取り戻した。
④ **You're a <u>big girl</u>?**　あなたは大人でしょ？

（2）長子音の連続 [s / z / f / v / m / n / l / r / th]

長子音とは持続時間の長い子音のことである。このような子音が連続する場合、破裂音の連続と似たような現象がおきる。

⑤ **I might as well make <u>some money</u> out it!**
それらかいくらか稼がせてもらおうか。

some の m をしっかりと持続し money の m でリリースする。m が重なるからひとつでいいという風に発音すると /səmˈʌni/ のように聞こえ、最初の m をホールドせずリリースすると some a money のように a が入ったように聞こえてしまう。

⑥ **This hard <u>enough for</u> you?**　これって君には難しすぎる？
⑦ **They <u>both think</u> I'm interested in them.**
私がそれに興味を持っていると彼らは思っている。
⑧ **Uh, he hunts <u>alone now</u>.**　彼はひとりで狩りをしている。
⑨ **Seriously, what is <u>this supposed</u> to mean?**
冗談抜きで、これはどういう意味？
⑩ **There <u>is zero</u> physical evidence.**　物的証拠はない。

小テスト 4

では一段落の意味で4回目の小テストをやってみよう。

少し緊張してきました。

Tom Hanks のインタビューを聞いてみようね。空欄になっているのは、必須リダクション、談話標識、代名詞、助動詞、be動詞、前置詞、そして接続詞だよ。

ドキドキ……。

🖊 Tom Hanks   ((1445

(*) – (**), the nature (**) the- the surprises that – that came down (**) the fact (***) – (**) , (***) that, really coming down (****) Diane (*****) how much (**) just a regular dad this guy (***). (* ****) Disneyland itself came (***** ******* **) used to spend every Saturday (**** ***) two daughters (***), (*****) a while, here (**) L.A., (**) ran (*** **) places that (** *****) take (***) two daughters.

(***** ***, **), pony rides (****) where the Beverly Center (**) now, (*** ***** ***) the merry-go-round (**)- (**) Griffith Park, (*** *****) that, (** ***) – that (*** **). (*** ** ***) sitting, eating peanuts (**) a park bench (**) Griffith Park (***) the girls (**** **) the merry-go-round, (*** **) said, "God, there really (****** **) a place dads (***) take (*****) daughters, (**), (**) a Saturday (**) L.A." (***)- (*** ****) that, Disneyland (***) born.

(『映画★スターインタビュー』 p.40　コスモピア刊)

Tom Hanks　((• 1445

(I) – (uh), the nature (of) the- the surprises that – that came down (to) the fact (was) – (uh) , (was) that, really coming down (from) Diane (about) how much (of) just a regular dad this guy (was). (I mean) Disneyland itself came (about because he) used to spend every Saturday (with his) two daughters (and), (after) a while, here (in) L.A., (he) ran (out of) places that (he could) take (his) two daughters.

(There was, uh), pony rides (over) where the Beverly Center (is) now, (and there was) the merry-go-round (in)- (in) Griffith Park, (but after) that, (he was) – that (was it). (And he was) sitting, eating peanuts (on) a park bench (in) Griffith Park (and) the girls (were on) the merry-go-round, (and he) said, "God, there really (should be) a place dads (can) take (their) daughters, (un), (on) a Saturday (in) L.A." (And)- (and from) that, Disneyland (was) born.

😎 どうだった？

👧 すっと耳に入ってくるところとそうではないところに分かれますけど、以前だったら聞き取れなかったかもしれない箇所をいくつも埋めることができました。これってリスニング力が上がっているっていうことですよね？

😎 そうだと思う。

👧 今は集中して穴埋めをしていますけど、これらはいずれ軽く聞き流せるようになるんですね。聞き流せるようになるために集中して聞くというのがちょっと面白いです。

8

関係代名詞

ここでは4種類の関係代名詞を扱う。比較的聞き取りやすい部類に入ると思うが、速度が上がってくると、それぞれにそれなりの難しさが生じてくる。

👂 **that**

👂 **which**

👂 **what**

👂 **who**

必須の情報を追加

that

1 ****** ** ** **** *** do?**

1446
1447
1448

お仕事は何を？

👩 that は比較的はっきり聞こえますね？

🧑‍🦰 そうだね。これはある種の決まり文句で最後の do に強いストレスがくる。本例の場合どちらかというと難しいのは what is it のほうかな？

👩 はい。そのあたりがボソボソッて感じで。発音練習します！

2 **Nobody knows ***** **** ****** people ******
**** ** Tokyo.

1449
1450
1451

東京に暮らしている人以外は誰も知らない。

👩 that が 2 カ所出てきますけど、関係代名詞のほうは発音がずいぶんと弱いですね。それと前置詞のところで except が使われるときは all とか everybody とか nobody などまとまりを表す単語が使われることが多いということでしたが、ここでも nobody が使われていますね。

🧑‍🦰 はい。よく気がつきましたね。

3 **You are the boss. ***'** *** *** **** hires them.**

1452
1453
1454

ボスは君だ。彼らを雇うのは君なのだから。

🧑‍🦰 関係代名詞の that は you're the one とか I'm the one とかと組み合わされるケースが多いかな。

👩 なるほど。ここの that も弱いですね。スローだとよくわかりますが、ナチュラルだとほんとに一瞬で。その代わり言っては何ですけど them

はきれいに聞こえました。

👓 ふふ。

---

4 ** **** **** **thing** **** *** **?

あなたがやっているのはそのことか？

1455
1456
1457

🧑 that が2カ所使われていますけど、関係代名詞の that は教科書発音では聞こえますがナチュラルでは全然聞こえません。

👓 ナチュラルでは言ってないね。単に録音時のミスだけど、でもナチュラルになると目的格の関係代名詞は省略されやすいという例としてそのまま利用することにしました。

🧑 that を落として録音したのに、発話した人も周りの人も誰もそのことに気がつかなかったということですか？　それぐらい自然なことという意味でもあるのですね。

👓 そう。省略しても気がつかないくらいだから目的格の that は弱いときには本当に弱い。

（解答と訳は p.229）

🎧 Listening Quiz

ディクテーションをやってみましょう。

❶ What does she have **** * ***'* ****?　　1458 1459 1460

❷ ** **** *** *** **** * threw out last year?　　1461 1462 1463

❸ **** ** ** **** *** want me to say to them?　　1464 1465 1466

❹ ***'** *** *** **** bailed on us.　　1467 1468 1469

❺ Okay, what did you do today **** *** ****?　　1470 1471 1472

❻ There are so many things **** ***** **** **** wrong.　1473 1474 1475

●例文のディクテーション解答

1 What is it that you do?　**2** Nobody knows about that except people that live in Tokyo.　**3** You are the boss. You're the one that hires them.　**4** Is this that thing that you do?

✋👂 おまけの情報を追加

which

---

1 **They also do delivery, ***** ** awesome.**
1476
1477
1478

そのお店は配達もしてくれるの、それってすごいことよね。

👩 音的には問題ないです。むしろわかりやすいぐらいです。

🧑‍🦱 which の前にあるコンマ、これが話し言葉では pause に置き換わるのでその分わかりやすくなるかも。実際に pause を入れてはいないけど気持ち的には入っているよね。

👩 コンマはどういう意味ですか？

🧑‍🦱 文法的には非制限用法といって、あってもなくてもいいような情報を付加すること。本例の「それってすごいことよね」って情報なくても困らないよね。必要な情報の場合はコンマをつけない。さて、もう一度聞いてみて。コンマの感覚を聞き取れる？

👩 いいえ。

🧑‍🦱 では、同じような例をもうひとつ聞いてみようか。

---

2 **They want me to do it, ***** ** ****** ****,**
seeing as I've never done it before.
1479
1480
1481

私にやれって、すごいでしょ、経験のない私にやれっていうのだから。

🧑‍🦱 どう？

👩 which is really cool なんてなくても困らない情報だとは思いますけど、でも pause はないですね。

🧑‍🦱 pause そのものはないよね。でもこのふたつの文に共通点はないかな。コンマの所でピッチ（音程）が上がっていない？　文章を書くときピッチが上がる箇所でコンマを入れる人が多いから、逆に音程

が上がる所ではコンマを感知する。もちろん実際に pause を置くこともあるけど、ピッチも有効なヒントになりうるよ。でもね、必ずピッチが上がるわけではないからね。そのあたりが複雑。

3 **I ordered a rum and Diet Coke, ***** * ***'* ***** this is.**
私が注文したのはラム＆ダイエットコーラで、これではありません。

1482
1483
1484

😊 あ、pause があった！

😎 おまけの情報を追加する非制限用法だね。ちょっとした応用技。

😊 これから聞くときは pause があるかないか、ピッチが上がるかどうかを意識しないといけませんね。すごく上級者っぽいリスニングですね。

😎 慣れるよ。さきほど必要な情報の場合はコンマを置かないという話をしたけど、which の場合はコンマがあると思っていいかな。必要な情報を追加する場合は、which ではなくて that と考える人が多くて、ほとんどの人は that を使うから。

😊 へえ……。

‖ ‖ Listening Quiz

（解答と訳は *p.*229）

ディクテーションをやってみましょう。

❶ The whole case is aluminum, *** ** *****.**   1485 1486 1487

❷ She's resting, *** ** * **** ****.**   1488 1489 1490

❸ Because you trust people, *** ** ******** * **** *****.**
1491 1492 1493

❹ The climax is just the scene *** **** ******* that question.**   1494 1495 1496

●例文のディクテーション解答

1 They also do delivery, which is awesome.　**2** They want me to do it, which is really cool, seeing as I've never done it before.　**3** I ordered a rum and Diet Coke, which I don't think this is.

what

談話標識のコーナで取り上げた you know what I mean や you know what I'm + verb は関係代名詞 what が使われているので、かぶらない例を紹介するね。ちなみに what は先行詞も含んだ関係代名詞。

1 Why don't I know **** ***'** ******* *****?

1497
1498
1499

あなたにはどうしてあなたの話が見えないの？

what が難しいという理由がわかりました。全然聞こえませんね。スローにするとかろうじて何か言っているという程度です。

what は音としてクリアには聞こえないけど、リズムは what がある場合のリズムだよね。

練習が必要ですね。ところで why don't you というパターンはこれまでにも出てきましたが、why don't I というのもあるんですね。

アメリカでは shall をあまり使わない。shall I とか shall we を why don't I とか、why don't we と言うことが多い。意味は「〜しましょう」くらいの意味。でもここはそのまま、「なぜ私は〜ではないのか」だからね。混同しないで。

2 Listen, it's not gonna be **** *** *******.

1500
1501
1502

君が考えていたようにはいかないよ。

これは what が聞こえます。語尾の t は呑み込まれていますが。

そうだね。what you はワチュ / wɑ́tʃu / ではなく、wha(t) you とそれぞれの音になっているね。

listen とか gonna の聞き取りがまだ楽ではないです。なんとかつい

ていけてはいますが。そういえばこの文、前にもやった覚えが……。

3 Go ahead and do **** ** ** *** **.

1503
1504
1505

どうぞ、（演奏などを）始めてください。

🙂 what it is が流れて気持ちいいです。t はいずれも d の音ですね。ところでここの and ですが、an でもなければ 'n' でもないって感じですが。

😎 ahead に an がつながって / əhédən / となっていない？

4 I know ****'** **** *** **** **better.**

1506
1507
1508

君を元気づけるものを知っているよ。

🙂 what の後に何かあるなと思っていたら、'll だったのですね。何かわからなかったんですけど、これが短縮の 'll の音なんだと、何か新発見した感じです。

😎 小さな気づきが大きな違いを生むよ。

🎧 **Listening Quiz**

（解答と訳は p.229）

ディクテーションをやってみましょう。

❶ *** *** ** **** * **said?** 1509 1510 1511

❷ *** **** **** * ****** ** ** **today?** 1512 1513 1514

❸ * ***'* **** **** ******** **to him.** 1515 1516 1517

❹ * ***'* **** **** *'* ***** **do.** 1518 1519 1520

❺ ** *** **** **** * *** **thinking?** 1521 1522 1523

●例文のディクテーション解答

1 Why don't I know what you're talking about?　**2** Listen, it's not gonna be what you thought.　**3** Go ahead and do what it is you do.　**4** I know what'll make you feel better.

聞こえないことも度々

who

1 But you were *** *** *** *** *** back, y'know?

1524
1525
1526

彼を連れ戻したのは君だっただろ？

🙂 かろうじて聞こえます。

😎 今まで練習してきたものがいろいろ入っているね、このセンテンスには。

🙂 そうですね。なのに got him が聞き取れませんでした。him はいくら経っても聞き取れるようにならず散々な目にあっています。

😎 聞こえた通りに練習しよう。それしか手はないので。

🙂 は〜い。

2 Hey, **** ***'* here!

1527
1528
1529

おや、誰が来たかと思えば。

😎 look who's... は会話ではよくお目にかかる表現。意外なことが起きたときとかね。その他には look who's talking は「あなたにそんなこと言われたくない」みたいに自分のことを棚に上げる使い方も。

🙂 へえ、面白い〜。

3 You're not gonna find ****** *** *** ** as well as she did it.

1530
1531
1532

彼女ほどうまくできる人なんか探せるものか。

🙂 長い！

😎 そう？

176

長いと集中力が続かなくて。

長いときはストレスのある単語に集中して。ここは find / did / she かな。聞きやすくなるから。

not にもストレスありますね。who は判別できますが、全体が速くて。

今計測してみたら 7sps だった。

わ、速や！

4 Well, ***'** *** *** *** ***** ** fire him, remember?

1533
1534
1535

彼をクビにしたいのは君だろ、忘れたのか？

何度聞いても who が聞こえません。

ここの who は u しか残っていないかな。

u だけ……その u すら聞こえません。who が聞き取れないわけですね。前後関係や文法から who があることはわかるかもしれませんが、音だけだととても無理！

練習して。映画などを見ているとこんな感じの who によく遭遇するよ。

Listening Quiz

（解答と訳は p.229）

ディクテーションをやってみましょう。

1 *'* *** *** *** *****'* have a choice.　1536 1537 1538

2 ***'** *** *** *** rammed the truck.　1539 1540 1541

3 *** *** *** brought the food was really nice.　1542 1543 1544

4 Are they any better than *** ***** *** **** never sold scripts?　1545 1546 1547

●例文のディクテーション解答

1 But you were the one who got him back, y'know?　**2** Hey, look who's here!　**3** You're not gonna find anyone who did it as well as she did it.　**4** Well, you're the one who wants to fire him, remember?

推測とその確信の度合いを表す助動詞

　助動詞を推測に使うことがある。そして、その推測に自信があるかないかで使い分ける。助動詞に与えられた日本語訳を当てはめても推測の度合いを判定できない場合が少なくないので、ここにまとめておきたい。

must　自信がある、確信がある

・Your parents must be so proud.　ご両親はさぞかしお喜びのことかと。

　あなたが何かの賞を受賞したとすると、人々はこのように言ってくれるにちがいない。その推測にはほぼ疑いがないからである。

・Must be quite a life you have in that school—champagne for lunch.　昼食にシャンペンとは、すてきな学校生活なんだね。　―　『ローマの休日』

・There must be some reason why you won't let me have them.　通行証をくれないのは、なにか理由があるはずだ。　―　『カサブランカ』

might / may / could　あまり自信がない、確信がない

　may より might のほうが確信が劣る、可能性が落ちる、などの意見もあるが、ここはまとめて自信があるかないか、確信があるかないか、という大きなくくりでいいかと思う。ネイティブもそんなに細かい分類はしていない。

・Wednesday? I'm not sure. I might be working.　水曜日？　さあ、仕事が入っているかもしれない。

・That's hard to say. It could be a month.　はっきりしたことは言えない。1 カ月ぐらいはかかるかもしれない。

can't　不可能だということに自信がある

・You can't be a lawyer. You're eight.　あなたが弁護士なわけないでしょ。あなた 8 歳よ！

　can't に「できない」という日本語があるため無意識にそれを当てはめる傾向があるが、もしそれで意味が通るならそれでよし。もし変だなと感じたらこの使い方を思い出そう。

9

関係副詞

次の2例は先行詞が the apartment。それを (A) は buy の目的語として関係させているので関係代名詞。一方の (B) は副詞として関係させているので関係副詞。もしこのあたりが苦手な人は文法書をあたってほしい。

(A) This is the apartment which I want to buy.
> このアパートは私が買いたいアパートです。

(B) This is the apartment where I want to live.
> このアパートは私が住んでみたいアパートです。

　実は会話の中に関係副詞はあまり出てこない。where や when が出てきても接続詞や間接疑問文として使われる場合がほとんどである。しかし聞き取りにくい点では同じ。よって本コーナはで文法的な分類にこだわらず、ストレスがこない where / when / how / why の例を紹介していく。

✋ **where**　　✋ **how**

✋ **when**　　✋ **why**

✋🏻 場所の情報を補足

where

1 I'm the one who got you ***** *** ***.

ここまで成功したのは私がいたからだ。

1548
1549
1550

👩 where は大丈夫。でも who がダメでした。さっきやったばかりなのに。

👨 who は手こずるよね。スローにしてやっと判別できるぐらいだから。

2 It doesn't look that big **** ***** ** ***.

ここからはそこまで大きくは見えないよ。

1551
1552
1553

👩 速いですね。でもなんとなくついていけているような。from where は少し難しかったですけど。

👨 計測すると 7sps だった。会話の平均速度が 5sps だからそれに比べるとずいぶんと速い。でも速度に慣れてきているね。

👩 そうですか？　だったらうれしいです。

3 *** ** *** ***** ** called from?

彼はどこから電話かけているか言った？

1554
1555
1556

👩 2 カ所あった he が全滅でした。なんとなく聞き覚えがあるなあという感じにはなっているのですが、まだ he だと確信できるまでに至っていないです。

👨 でも感覚ができつつあるということだね。

👩 where he はどうなっていますか？

👨 /weəi/ だけどでも h の音も少し残っているような。did he はすご

く弱くなっているけど2シラブルが保たれているね。

4 **Say, I better give you an escort. That way**

'** *** ** *** ***** go.

エスコートしたほうがよさそうですね。そうすればあなたが行きたい場所に行けますし。

1557
1558
1559

すみません。長さに負けました。長い文は集中力を保つのが難しくて。でも where は聞き取れました。この that way はどんな使い方でしょうか？

文頭に that way がくると、その前に言った文章を実行するとこうなるよ、とつなぐ働き。

わかりました。ところでこれって主語の I は落ちていますよね。

そう、その通り。よく気がついたね。

⏹ ▶ Listening Quiz

（解答と訳は *p.229*）

ディクテーションをやってみましょう。

❶ Do you actually **** ***** **'** *****?　1560　1561　1562

❷ Police. **** ***** ***** you are.　1563　1564　1565

❸ I had a dream last night ***** * *** ******* football.　1566　1567　1568

❹ Can you **** ** ***** *** classroom is?　1569　1570　1571

●例文のディクテーション解答

1 I'm the one who got you where you are.　**2** It doesn't look that big from where we are.　**3** Did he say where he called from?　**4** Say, I better give you an escort. That way you'll get where you wanna go.

時の情報を補足

when

1 * ******** **** ** first started dating you had this shirt.

1572
1573
1574

あなたと付き合い始めたころ、このシャツを着ていたわね。

👩 これまでに何度も出てきましたが、remember when の流れは難しいです。まず remember そのものの発音が難しい。なかなか同じように真似られなくて。

👨 そうだね、確かに remember は難しい。

2 *** **** **** ** went to the country?

1575
1576
1577

それって田舎に行ったときのこと？

👩 う、when を含めて出だしが丸ごと聞き取れませんでした。

👨 was は落ちているか z の音ぐらいしか残っていないね。

👩 それでどうして was だとわかるのですか？

👨 わからないよ。was だったら w の音が聞こえるはずだけどそれがないし。これは文脈がなければ was か is かは判別できないと思う。z の音があるように思うので is か was のいずれかだろうという推測はできるけど。

3 He hasn't called me since **** *** **** **** ** went out.

1578
1579
1580

一度デートしたとき以来、電話をかけてこない。

👩 when we went と w で始まる単語の連続がまた登場ですね。やはり少し難しいです。

😎 そうだね。when we were、when we want など他にもあるよ。

👩 since は大丈夫でした。he hasn't の h 系の連続もまだ慣れません。聞き直すともう he hasn't にしか聞こえないのですけど。

4 **What's more, it's a gorge he knows well** 1581
**** **** ** *** a boy. 1582
その上、そこは彼が子どものころからよく知っている渓谷だった。 1583

👩 from when he was のあたりが「ごにょごにょ」と聞こえて解読できませんでした。

😎 well と boy にストレスが来ているからちょうどその谷間になるしね。/ wéniwəz / という感じかな。

👩 お、久しぶりの発音記号。発音するのは難しいですけど、スラっと流れているのを聞くのは気持ちがいいです。

😎 うんうん。

⏸ ▶ Listening Quiz

ディクテーションをやってみましょう。

❶ You're the one that fought me **** ** ********.　1584 1585 1586

❷ Yeah, ****** **** ** involves him.　1587 1588 1589

❸ * ***'* **** **** I'm gonna see you again.　1590 1591 1592

❹ I was having a drink, *** ***** ***** **** he called.　1593 1594 1595

❺ She yearned for *** **** **** dinner was followed by dessert.　1596 1597 1598

❻ Remember **** **** **** ** *** in the accident?　1599 1600 1601

●例文のディクテーション解答

1 I remember when we first started dating you had this shirt.　**2** Was that when we went to the country?　**3** He hasn't called me since that one time when we went out.　**4** What's more, it's a gorge he knows well from when he was a boy.

方法の情報を補足

how

1 ****** ** *** * ****** want to remember you**

1602
1603
1604

このような形であなたを記憶にとどめておきたかったの。

👓 this is how のパターンはよく使われる割にはあまり馴染がないみたい。慣れていないと不思議な文に感じるから、このパターンはぜひ覚えておこう。

🙂 そうですね。最初 how に違和感を覚えました。音としてはそんなに難しいものではないですね。

👓 そうかもしれない。this is how の場合 how にストレスがくることが多いよ。

2 **And ****'* *** it's done. ****'* *** **** rent in.**

1605
1606
1607

手順は以上の通りです。車はこのようにレンタルします。

🙂 今度は that is how のケースですね。

👓 this is how より that's how のほうがはるかに頻度が高いよ。

🙂 and that's が anat's に聞こえます。

👓 これも how にストレスがあるね。

3 *** ***'* *** *** ** could ever forgive her.**

1608
1609
1610

彼は彼女をよく許せるものだ。

🙂 how に着目してリスニングしているので how は聞き取れますが、何の前提もなくこのセンテンスを耳にすると、おそらく how を認識できなかったと思います。

そういうものだと思う。聞き取れなくて「あ、how だったのか」というのを何度も繰り返していれば、そのうち自然に耳に入ってくるようになると思うよ。forgive her はどうだった？

一瞬考えましたが、her だろうと推測をつけて解答をみたらあっていました。まだ自信をもって、という段階ではないです。

him も her には時間がかかると思う。

4 Isn't it funny *** ****** *** different?

人はみなそれぞれだから面白いよね。

1611
1612
1613

これはリスニング的にはあまり問題はなさそうだね。どう？

大丈夫ですけど、different の rent の部分が消えるように小さくなっていきますね。

一拍目にストレスがある単語は後半がしぼんでいく傾向にあるからね。それにしても細かい所にも気がつくようになったね。

（解答と訳は p.230）

❚ ❚ Listening Quiz

ディクテーションをやってみましょう。

❶ * **** *** *** *** my name.   1614 1615 1616

❷ * ****** *** * would react under fire.   1617 1618 1619

❸ * **** *** ** happened.   1620 1621 1622

❹ We'll just take it slow *** *** *** ** ****.   1623 1624 1625

●例文のディクテーション解答

❶ This is how I always want to remember you.   ❷ And that's how it's done. That's how cars rent in.   ❸ I don't see how he could ever forgive her.   ❹ Isn't it funny how people are different?

🖐🏻 理由の情報を補足

why

1 You don't think ****'* *** ** wants me back?

1626
1627
1628

私を取り戻したい理由はそういうことではないと思うのね。

🙂 why he wants me の流れがスムーズすぎて。やっぱり he など h 系の単語がからむと一気に難しくなります。

😎 確かにね。ニュース英語などでもやっぱり h 系は難しいよ。肝心の why はどう？

🙂 that's why の流れがありましたから why は大丈夫でした。問題は why に続く部分です。

😎 ではその部分をしっかりと練習しておこう。

2 Give me one legitimate reason *** ***.

1629
1630
1631

なぜダメなのかちゃんとした理由を教えてください。

🙂 これは大丈夫です。why not にストレスが来ていますし、legitimate という単語がわからなかっただけです。

😎 「合法の」とか「道理にかなった」という形容詞だよ。意外によく使われるから覚えておこう。その際には——

🙂 音から覚えるのですね。

😎 そう。

🙂 よく聞くと mate のあたりが崩れてきますね。

3 ***** ** *** *'* never getting married again.

1632
1633
1634

だから二度と結婚なんかしないんだ。

which is why という出だしは多いからね。他の人の意見とか、自分の言ったことを引っ張ってその理由を述べる言い方だから。

いわゆるお約束的なフレーズなので、発音が弱くなるということですか？

そこまで弱くならないかな。基本的に聞き取れるものが多いと思う。which explains why... も似たような使い方をするけど、こちらのほうが難しいかも。でも which is why のほうが圧倒的に頻度高いから。

---

4 ** * **** *** we're rushing?

なぜ急いでいるの？

1635
1636
1637

why we're の流れが難しいです。w の連続は難しいですね。

というより we're ではないかな、難しくしているのは。短い発音なので。人称代名詞や be 動詞の所でも取り上げたけど、このように不意に出てくるとわからないものだよ。だから重要なのは繰り返しの練習ね。

わかりました。

（解答と訳は p.230）

‖ ‖ Listening Quiz

ディクテーションをやってみましょう。

❶ * ***'* **** *** they didn't just tell us.　　1638 1639 1640

❷ * ***'* **** *** I'm so nervous about this.　　1641 1642 1643

❸ Yeah, ****'* *** *'* going with him.　　1644 1645 1646

❹ ***** ** *** print journalism is dying.　　1647 1648 1649

❺ The ****** *** ** ****'* ** that is because it's
followed by a schwa.　　1650 1651 1652

●例文のディクテーション解答

1 You don't think that's why he wants me back?　**2** Give me one legitimate reason why not.　**3** Which is why I'm never getting married again.　**4** Do I know why we're rushing?

同じ単語が繰り返されたときの意味は？

映画を見ていると同じ単語が繰り返されるシーンにときどき出会う。たとえばテレビドラマの *Friends* では、

Well, I mean, I'm not <u>married married</u>. 　結婚していません。

とか、同じくテレビドラマの *The Hills* では

A: But we stayed friends.　　友だちでした。
B: Yeah, like <u>friends-friends</u>.　　そう、友だち。

のようなシーンがある。同じ単語を繰り返すことを reduplication と呼び「本当の意味での」というニュアンスを付け加える。たとえば前述の *Friends* のせりふは、フィービーという女性がある男性を助けるために偽装結婚をしている。それを咎められてのせりふ。「私は結婚はしているけど、本当の意味での結婚ではない」という意味になる。

　The Hills のほうは friends-friends で「単なる友だち、本当の意味での友だち」と付き合っていないことを強調している。となると次の文の意味はもう想像がつくだろう。最初の文は彼の気持ちを知りたい女性の表現、2 番目は食べ物の辛さを確認している表現。

Does he like me, or does he <u>like like</u> me?
彼は私のこと好きかな、本当に好きでいてくれるかな？

Is it hot, or is it <u>hot hot</u>?　　これって辛いの、それともすっごく辛いの？

　この reduplication を用いた有名な詩がある。Billy Collins の *After the Funeral* である。最初の 4 行を紹介しよう。日本語訳では表現しきれないので英語で味わってほしい。

When you told me you needed a <u>drink-drink</u> 君が喉が渇いたと言ったとき
and not just a drink like a drink of water, でも水ではいやだと言ったとき
I steered you by the elbow into a corner bar, 街角の飲み屋に連れていった
which turned out to be a real <u>bar-bar,</u> そこはいい飲み屋だった

10

数量詞・冠詞

　数量詞は数に関係するものであるが、その中に冠詞も含める。aやtheなど気にする人は多くないと思われるが、文字をすべて伏せてディクテーションをすると、冠詞が聞き取れず、そのことが冠詞以外の箇所の聞き取りを混乱させていることに気がつく。冠詞と言えど重要な単語にはちがいない。また単純な数字も速度が上がると聞き取りにくくなるので注意したい。

👂 a / an / the / both

👂 any / some / all / almost

👂 little / less / none / most

改めて重要さを知る

a / an / the / both

😎 a を意識して聞いてみて。

1 *****'* * *** ** ice on the road.

1653
1654
1655

　路上にはたくさん氷があるよ。

👩 今まで a を気にしてリスニングしたことないので新鮮です。ただ、注意して聞いてみてもどこに a があるのかさっぱりわかりませんでした。解答をみて初めてわかったぐらいです。

😎 注意力をあげるという意味で冠詞だけを聞き取る練習も必要かもしれないね。

2 Tell her I'll call her ** * ****** hours **** ** update.

1656
1657
1658

　最新情報を1、2時間で電話するからと彼女に伝えて。

👩 a couple の a はなんとか。でも an はまったくわかりませんでした。解答を見た後で聞いてみると、なるほどと思いはしますが。それにしてもこの文、速くないですか？

😎 6.8sps なので速いね。

👩 tell her / call her / with an あたりが私にとってはかく乱要因です。

😎 an と and を聞き違える人が多いよ。an important が and important と聞こえたりとかね。

3 Hey, ***'** *** *** that loves *** *******.

1659
1660
1661

　この写真を好きなのは君だろ。

👩 the に注意を傾けているとなんとか捉えられます。が、もしこれを

何気なく聞いたとすると the すら聞き逃したと思います。

機能語の中で最も頻度が高いのは the だから、神経を注いでいると疲れてしまう。でも名詞を特定する働きをするから実は the は重要なんだ。軽く聞き流しながらも the を認識できるようになりたいね。the を but と間違ってしまうケースも多い。一度 the のみを追いかけてみる練習をしてみるといいかも。

a / an / the のみを追いかける冠詞リスニングはどうですか？

あ、それいいかも。

4 Fill this out, **** *****.

これに記入してください。裏表とも。

1662
1663
1664

both のあとに s で始まる単語がくると発音しにくいです。

たしかに。th の音を出すと s に直行するという正攻法の発音しかないと思うので頑張ってとしか……。

……

（解答と訳は p.230）

▮▮ Listening Quiz

ディクテーションをやってみましょう。

❶ *****'** ** ***** * two minute delay.　　1665 1666 1667

❷ I'd like to ***** ** ***** *** delivery please.　　1668 1669 1670

❸ **** *** *** truth.　　1671 1672 1673

❹ Well, **** **** *** * are very grateful.　　1674 1675 1676

❺ I mean, do you think *** *** **** **** ****?　　1677 1678 1679

●例文のディクテーション解答

1 There's a lot of ice on the road.　**2** Tell her 'll call her in a couple hours with an update.　**3** Hey, you're the one that loves the picture.　**4** Fill this out, both sides.

any / some / all / almost

1 ** *** **** *** pictures?

1680
1681
1682

写真、持っていますか？

意外に難しい、これ。

do you have any はかたまりで覚えておくといいと言ったのを思い出して。

あ、そうでした。練習したのですけどまだ身についていないようです。復習をしておきます。

2 Okay, I'll get **** ** *** ***.

1683
1684
1685

行く途中で手に入れるわ。

これ some って言っているんですか？　some の s の強い息は感じます。

some が sm 的な発音になったりするからね。強敵だよ some は。真似る練習をしっかりと積み重ねて。その前の get は聞こえた？

聞こえました。

もう一度聞いてみて。

あれ、もしかして言ってない？

どう思う？

ものすごく弱いですね。あれ、どうしてこれが聞こえたのだろう？

慣れとはそういうものだよ。

3 Why's he ******* *** ** money?

なぜ彼が僕の金を手に入れるんだ？

1686
1687
1688

👧 getting all の流れの部分がタフですね。ing の部分が呑み込まれるようになって all へと続いていく。

🧑‍🏫 why's he の部分は OK だった？

👧 はい。特に意識しませんでした。ということは……

🧑‍🏫 he が聞き取れるようになった！

👧 おお！

4 Hey, *** ****** ****?

もうすぐ着く？

1689
1690
1691

👧 これは聞き取れました。もちろん almost も。

🧑‍🏫 OK。大丈夫だね。

‖ ‖ Listening Quiz

（解答と訳は p.230）

ディクテーションをやってみましょう。

❶ I don't ** *** ** ****. None of that.　1692 1693 1694

❷ Can I get you **** *****?　1695 1696 1697

❸ ** **** *****, I just got stuck.　1698 1699 1700

❹ Well, I think ** *** ******* when you said it.　1701 1702 1703

❺ You're ****** ***** ** ***.　1704 1705 1706

●例文のディクテーション解答

1 Do you have any pictures?　2 Okay, I'll get some on the way.
3 Why's he getting all my money?　4 Hey, you almost here?

little / less / none / most

1 Look, *'* ***** ** * ****** late tonight.

今夜は少し遅くなるからね。

1707
1708
1709

little の t は弱い d の音に変化。

tonight の t も d になるケースが多いのにここは t のままですね。gonna が聞き取れませんでした。ちょっとショック。

気にしない、気にしない。淡々と練習を積み重ねよう。

2 ** **** **** **** 30 hours before he strikes again.

彼が再度攻撃してくるまでに 30 時間もない。

1710
1711
1712

we have も he も、クリアに発音されているわけではないのに聞き取れます。

ess than の than もクリアな than ではないよね。

はい。以前の私では聞き取れなかったかもしれません。

成果が出ているようでうれしいよ。

3 **** ** ****, not while I'm here.

私がいる間は、そういうのダメだからね。

1713
1714
1715

none は of との組み合わせで登場することが圧倒的に多いから、none of をかたまりとして音の感じをつかんでおくことをすすめる。/ nʌnəv / か / nənəv /。

でもここは of のあとに子音がきていますから。of は / ə / だけとなり / nənə / ですね。

そうだね。

4 *** **** ************ ***** happened to me today.
1716
1717
今日すごいことが起きたの。
1718

音的にはアスタリスクの部分以外の、to me today のほうが難しかったです。unbelievable という知らない単語はありましたけど。

それは「信じられない」という意味の単語ね。音の崩れは to と today かな。とはいえ前置詞の to は以前に練習したし、today の to の部分は前置詞の崩れ方と同じだからね。たとえば day-to-day（日々の）の to-day は today とまったく同じ音になるし。

t の音が d に近くなるというアレですね。

そうだね。忘れた場合は、146 ページの前置詞 to のコーナーをもう一度参照してみて。

｜｜ Listening Quiz

（解答と訳は p.230）

ディクテーションをやってみましょう。

❶ There's this **** ****** ******** there.　　1719 1720 1721

❷ ** *** **** **** * minute to come up with a plan.　1722 1723 1724

❸ This is **** ** **** ********.　　1725 1726 1727

❹ Yeah, but **** ** **** mentioned you.　　1728 1729 1730

❺ At the end of the game, whoever has
*** **** ******** wins.　　1731 1732 1733

●例文のディクテーション解答

1 Look, I'm gonna be a little late tonight.　**2** We have less than 30 hours before he strikes again.　**3** None of that, not while I'm here.　**4** The most unbelievable thing happened to me today.

口語表現うらおもて

まったく意味がわからない表現よりも、中途半端にわかる表現のほうが厄介かもしれない。意味がわからなければ調べるが、少しわかると深追いしないので本来のニュアンスに達しないのである。一例を紹介しよう。

● it's your funeral

「君の葬式だ」。しかし葬式にまったく関係ない場面でも使われる。その場合「君の葬式だから、君の好きなようにしろ」と後半部分の意味で理解する。

次は *Monk*（『名探偵モンク』）からのシーンである。

Elliot: **We're gonna have to sell it**. 売却する。
Dex: **Is that your final decision?** もう決めたのか？
Elliot: **I'm afraid so, Dexter.** ああ、悪いとは思うが。
Dex: **Okay, it's you're funeral.** わかった、勝手にしろ。

この後、Dex は Elliot を殺害するので、最後のせりふは布石にもなっている。

● speak for yourself

「自分のために話せ」。これは「そのような意見はあなただけのもの、私には私の考えがある」となり、「私はそう思わない」という意味に発展する。

次は *Sex and the City* より。

Charlotte: **We don't go around randomly attacking any man we're attracted to.** 気に入った男性を手あたり次第に誘惑なんかしないわ。
Samantha: **Speak for yourself.** 私はするわよ。

● get over yourself

「自分自身を乗り越えろ」となり「成長しろ」という意味で用いられることが一般的。では次はどうだろう。出典は児童書 *Granny Torrelli Makes Soup* から。目の見えない男の子 Bailey に点字をこっそりと習って驚かそうとした Rosie だったが Bailey は怒ってしまった。

Bailey: **Rosie, get over yourself.**
Rosie: **Bailey, get over your own self.**

このような状況では「成長しろ」では意味が通らない。ここでは「うぬぼれるな」「いい気になるな」あたりだろうか。「もっと気遣いしてくれ」でもいいかもしれない。今の自分から成長しろということなので「成長しろ」で間違いとは言い切れないが、どのように成長するのかを文脈から読み取る必要がある。

11

否定形

否定形は重要なので内容語に類する。ストレスも置かれ本来は聞き取りやすいはずなのだが現実はそう甘くない。そこで否定形を練習しておこう。

取り上げるのは下記のパターンである。

✋🏻don't / didn't / doesn't / isn't / wasn't / aren't / not / can't / never

否定語は内容語で、内容語にはストレスがくるから聞き取りやすい、と思ったら大間違い。

脅かさないでください。

実際に聞いてみるとわかるよ。

1 * ***'* **** *** ** tell you this, but...

1734
1735
1736

どう伝えればいいのかわからないのだけど……。

ぎりぎり判別できる I don't know ですね。

手抜きだよね〜。もうそのまま真似て。

それしか方法ないですものね。

2 * ****'* **** you liked this kind of music.

1737
1738
1739

こんな音楽が好きだったとは知らなかった。

didn't の最初の d が落ちた感じですか？

ふたつ目の d も怪しいもんだよ。d を全部とって I in'(t) know って感じかな。

そういわれればそういう風に聞こえます。

似たような例をクイズに出しておくね。

3 *** *****'* **** **** what she wants!

1740
1741
1742

彼女は自分が望んでいることすら気がついていない。

doesn't だと思って聞くと聞き取れますが、ここまで崩れると普通は聞き取れませんよね。doesn't の最後の t が落ちて、n に even につながるので / níːvn / と聞こえます。

😎 本当だね。これも似たようなのをクイズに出すね。

4 *** ***'* ** here yet?

1743
1744
1745

どうして彼はまだ来ていないの？

🙂 isn't で始まる疑問文はよく耳にするのでこれはわかりました。ただ he とのつながりで / ízní: / のようになるのですぐに he だと気がつきませんでした。

😎 here の h も消えることあるけど、ここでは消えていないね。

5 *** ****'* * picked? I'm single.

1746
1747
1748

どうして私が選ばれないの？　私は独身なのに。

😎 wasn't には聞き取りにくいパターンがあまりないけど疑問文になると難易度が増すね。

🙂 wasn't I は / wáznai / という感じでつながりますね。t が落ちて。

6 ***** ****'* ****** words to describe the kind of bad you are.

1749
1750
1751

君の最低さをうまく表現できる言葉が見つからないよ。

🙂 are なのか aren't なのかがすぐに判別できません。

😎 aren't の t が呑み込まれていることで判別できない？

🙂 繰り返して聞くとわかります。

😎 このあと出てくるけど can と can't の違いに似ているね。

7 Dad, **'** *** ***** this anymore.

1752
1753
1754

パパ、こういうのもうやめようよ。

not にストレスがきているので否定だとすぐにわかりました。でも not の主語が聞き取れませんでした。文字で見ると we're だったので ショックです。

ストレスがある単語の前後は弱くなるよね。ひとつ質問。we're not と we aren't の違いを知ってる？

ええっと……わかりません。

さっき not にストレスがあると言ったけど、we're not は否定で あることを明確にするため not をわざわざ切り離している。we aren't って否定の所にはストレスを置きにくいだろ？ だから強く 否定したい場合は aren't ではなくて we're NOT。それから we aren't とか you aren't と人を主語にすることはあまりないんだ。 there aren't とか疑問文の aren't you は結構あるけどね。

もしかして aren't / doesn't などはそれほど否定を強調していない ので聞き取りにくいのですか？

そうかもしれない。

8 * ***'* ****** **whether or not to do it.**

実施していいのかどうか決められない。

1755
1756
1757

集中していないと can か can't かを聞き分けられないですね。

そうだね。t は発音されないしね。母音の違いで聞き分ける練習も しようね。can't の a がどう聞こえる？

/ æ / ですか？

そうだね。いつも / æ / とは限らないけど。でも母音が聞こえた段 階で can't の可能性が高いかな。それと can't は発音時間が少し長 いよね、can より。助動詞の can を復習してね。

9 ***'** ***** ******* **what just happened.**

信じられないことが起きたよ。

1758
1759
1760

😀あれ、全然難しくないかも。never に限っては。

🤓ストレスがくるからね。you'll の 'll の部分のほうが強敵かもね。

⬛⬛ Listening Quiz

（解答と訳は p.230）

ディクテーションをやってみましょう。

❶ And *'** ***** bother you again.   1761 1762 1763

❷ ***'* ** good?   1764 1765 1766

❸ * ***'* **** if I want to answer that.   1767 1768 1769

❹ No, * ****'* get it.   1770 1771 1772

❺ ****** ****'* *** *** they were when you were young.   1773 1774 1775

❻ * ***'* **** about this in front of him.   1776 1777 1778

❼ And ***'** ***** *** attracted to him at all?   1779 1780 1781

❽ * ****'* *** to talk about marriage.   1782 1783 1784

❾ *** *****'* **** that many people.   1785 1786 1787

●例文のディクテーション解答

1 I don't know how to tell you this, but... **2** I didn't know you liked this kind of music. **3** She doesn't even know what she wants! **4** Why isn't he here yet? **5** Why wasn't I picked? I'm single. **6** There aren't enough words to describe the kind of bad you are. **7** Dad, we're not doing this anymore. **8** I can't decide whether or not to do it. **9** You'll never believe what just happened.

🎧 小テスト 5

5回目の小テストをやってみよう。

小テスト久しぶりですね。

Nicole Kidman のインタビューだよ。空欄増えたね。

増えましたね。

🎤 Nicole Kidman

((• 1788

(* **** *'**) played, (**), people (**** ****) existed (****** **) history, (*** ** *- *'**) had different approaches (**) different things. (***) this particular, (**), role, (*****'* * *** **) footage, obviously, (**)- (**), that's available (**) watch. (**, *****'*) also- (* ***) hear (***) voice, (* ***) read (* *** **) things, (** * *** **** **) slowly- (**) had- (*) think Olivier cast (** *** *) had (*****) five- five months (**) prepare, (**, ** * *** **** **) very gently just (**** **) enter (**** ***) skin (**) watching, listening, absorbing.

(『映画★スターインタビュー』 p.84　コスモピア刊)

🎤 Nicole Kidman

((1789

(* ****, *****'*) – (*) think (***) chose love, (*** *) think (****) people do that (** *****) life- (** *****) lives. (*) think (***)- d- (*** *** **) unique (** ***) sense (**** *** *** *) major American movie star, (** *) very early age (***) won (**) Academy Award, (*** ***) then said, "(*'*) actually (***** **) leave (** *** ******* *) – (* **** *) marriage, (* **** *) family," (*** *) think that's (*) very strong thrust (***) - (*** ****, ****) people, (***) just women.

(***) even though Hitchcock (****'*) go (**) Monaco himself, (**) did call (***), (**) did offer (***) money, (*** ***) did (*****) do (**). (*** – **, ***) that (*** ** **) really interesting.

(『映画★スターインタビュー』p.86　コスモピア刊)

🎤 Nicole Kidman　　　　　　　　((1788

(I mean I've) played, (uh), people (that have) existed (before in) history, (and so I- I've) had different approaches (to) different things. (For) this particular, (uh), role, (there's a lot of) footage, obviously, (on)- (un), that's available (to) watch. (Um, there's) also- (I can) hear (her) voice, (I can) read (a lot of) things, (so I was able to) slowly- (we) had- (I) think Olivier cast (me and I) had (about) five- five months (to) prepare, (un, so I was able to) very gently just (kind of) enter (into her) skin (by) watching, listening, absorbing.

🎤 Nicole Kidman　　　　　　　　((1789

(I mean, there's) – (I) think (she) chose love, (and I) think (many) people do that (in their) life- (in their) lives. (I) think (she)- d- (she was so) unique (in the) sense (that she was a) major American movie star, (at a) very early age (she) won (an) Academy Award, (and she) then said, "(I'm) actually (going to) leave (it all because I) – (I want a) marriage, (I want a) family," (and I) think that's (a) very strong thrust (for)- (for many, many) people, (not) just women.

(And) even though Hitchcock (didn't) go (to) Monaco himself, (he) did call (her), (he) did offer (her) money, (and she) did (wanna) do (it). (And – um, and) that (for me is) really interesting.

どうだった？

🧑 いやあ、難しい。でも以前より確実に聞き取れるようになっています！

12

必須リダクション2
「助動詞 +have」
の世界

　「would have ＋ 過去分詞」、「could have ＋ 過去分詞」
など助動詞に have が続きさらに過去分詞が続くパターンは
長くなる。しかし長いにも関わらず発音時間は短いので圧縮
率が高く「モゴモゴ」と響きやすい。難しい表現であるが、
この「モゴモゴ」が解読できるようになるとリスニングのス
テージがひとつ高くなる。

さあ、もうちょっとやっておこう。よくあるリダクションの例を追加するね。追加分は発音的にも文法的にもちょっと難しいけど、そこは必須だから頑張って。取り上げるのは [would / could / should / might] + have のパターン。have の後ろに過去分詞が続く場合が多いけども、必ずしもそうとは限らない。

難しそう。

仮定法に多いパターンだけど、これで後悔や揺れる気持ちを表現する。話し手の心に関係する表現という観点からも大切な表現方法だ。よって必須。形はややこしいけどそのまま覚えてしまおう。繰り返し聞くことでそのリズムを耳に焼き付けてほしい。

---

1 * ***** *****'** **** for it if it hadn't been for you.　1790
あなたがいなかったら私は挑戦しなかった。

1791

1792

ポイントは would've gone ですね。

would've を woulda とスペルすることもあるよ。

発音通りに綴ったということですね。でも woulda と発音してみても同じような発音になりませんけど。

まあね。woulda と綴っていても would've に近いことのほうが多いかも。

---

2 *'** ***** a plane. It'da been a lot faster.　1793
私なら飛行機で行くね。そのほうが断然速いもの。

1794

1795

I'da って I would have のことですか？

正しい書き方ではないけどね。そんな風に聞こえない？

聞こえます。I would have が I'da とは……。

206

3 **If you ever feel like a dance, ** ***** **** some fun.**

1796
1797
1798

ダンスはいかが？　楽しいよ。

👩 ever から始まっていませんか？

🧑 出だしが切れているね。でも録音を失敗した音声ではないからね。if で始まる文にはなぜか出だしが切れるのが多い。出だしが切れる例を 150 ページのコラムで紹介しているから参照してみて。

4 **I told you how ** ****** ****** the phone.**

1799
1800
1801

電話工作したかもしれないことはお話しましたよね。

👩 関係副詞の how ですね。

🧑 文脈がないと意味がとれない文ではあるけど、犯人が電話を使ってアリバイ工作をしたシーンを想定してね。

👩 ここは could've よりも coulda に聞こえます。

5 **We're going to do what ** ******'** **** in the first place.**

1802
1803
1804

最初からやるべきだったことをやる。

👩 gonna ではなく going to と言っていますね。should have done は「やるべきであったけどやっていない」であっていますか？

🧑 そうだね。should have は後悔の念を表すことが多いかな。

6 ***** *****'** ******** this of you.**

1805
1806
1807

君ならこんなことをすると思っていたよ。

🧑 「might have+ 過去分詞」は、過去の出来事に対する推量。

「may have + 過去分詞」も過去の推量ですよね？

そうだね。日本語にすると同じ訳になるから違いがわかりにくいけど、might のほうが推量に自信が持てない度合いが強いかな。使用頻度では may より might のほうが圧倒的。

7 I think * *** **** ***** all my questions.

1808
1809
1810

聞きたいことはすべて聞いたと思う。

may も見ておこう。これも過去の出来事に対する推測だけど might より確信度が高いという感じ。例で説明すると、I may / might have finished this work. だと may は仕事を終わらせる可能性が高く、might は低い。でもそのような違いはあまり気にせず、どちらも可能性が低いでいいかと思う。ちなみに、I will have finished this work. となると可能性がぐんとあがり、もう確信に近いレベル。違いがなんとなくわかる？

なんとなくですが。これに関して 178 ページにコラムがありますよね。それを読んでおきます。

8 * ****'** ****** 13 times just to sit down with the guy.

1811
1812
1813

あの人と単に話し合うだけのために 13 回は電話した。

「話し合う」と訳ついていますけど、sit down with は座るではないのですか？

座るというイメージはあるけど、ただ話し合いのために座るということ。だから We need to sit down. だと「座らなくては」か「話し合わなくては」なのか、文脈がないと判断できない。「must have + 過去分詞」は、過去の出来事に対する推測だけど、かなり自信のある場合の表現だね。

（解答と訳は p.231）

Listening Quiz

ディクテーションをやってみましょう。

1 ** ***** **** hit it off.　　　　　　　　1814 1815 1816

2 I guess ** ***** ****** the part in that play.　　1817 1818 1819

3 *** ***** **** anything you want.　　　　1820 1821 1822

4 I told him ** ***** **** a turkey sandwich.　1823 1824 1825

5 * ***** ***** **** met him if it hadn't been for you.

　　　　　　　　　　　　　　　　　　　　1826 1827 1828

6 **** ***** **** put him over the edge.　　1829 1830 1831

7 I was thinking maybe * ****** **** told him.　1832 1833 1834

8 I think *** *** **** * drinking problem.　　1835 1836 1837

●例文のディクテーション解答

1 I never would've gone for it if it hadn't been for you.　**2** I'da taken a plane. It'da been a lot faster.　**3** If you ever feel like a dance, we could have some fun. **4** I told you how he coulda worked the phone.　**5** We're going to do what we should've done in the first place.　**6** I might've expected this of you.　**7** I think I may have asked all my questions.　**8** I must've called 13 times just to sit down with the guy.

何を指すのかわからない指示代名詞 it

　This is it. とか That's it. のような表現に出会うと、最初は「なんだこれ？」と思ってしまう。直訳して「これはそれ」「それはそれ」としてもまったく要領を得ない。だが映画などでこれらの表現が使われる場面を見ていると、次第に it の感覚がつかめてきて、そして「ついにやった！」「いよいよだ」「それだけ」「これで終わり」など、その場に応じた意味を理解できるようになる。口語では何を指すのかわからない it が少なくない。次は *Gossip Girl* から一節である。

Was it only a year ago our It-Girl mysteriously disappeared for quote 'boarding school'?

わずか 1 年前のことではなかったか、我々の It-Girl が消えるように寄宿学校に転校していったのは？

　it-girl とは愛らしさとセクシーさを兼ね備えた女性を指す。1927 年の映画 *IT* に主演した女優クララ・ボウ（Clara Bow）が「It Girl」と呼ばれたところからくるらしい。この背景知識があると次のせりふが理解できるかもしれない。*Sex and the City* からの引用である。20 代の女の子におばさん扱いされた主人公たちが反発する。

Samantha: **Girls in their 20s, they think they're it.**

　　　　20 代の子は自分たちを it だと思っている。

Carrie: **Don't they realize, we're still it?**

　　　　私たちもまだ it なのに、そのことがわかってないのかな？

　では次の表現はどうだろうか。アニメ映画 *Madagascar* に登場するせりふである。

Alex: **Ah, no. I really I don't think I can. You're it!**

　　　　さああまり気乗りしないな。君が it だ！

Marty: **Hey! Wanna play around?**　遊ぼうぜ。

Alex: **Okay Marty, I'm it.**　いいだろ、俺が it だ。

　これは it girl の it ではない。彼らは鬼ごっこ（tag と言う）をやっている。この it は「鬼」（tagger と言う）を指す。共通の文化背景を持っていない我々は、何を指すのかわからない it には本当に手を焼かされる。

13

常連さんの副詞

副詞は内容語で、本来は本書の対象ではないが、リスニングを邪魔する副詞となれば話は別。文章の中に混じり聞き取りをややこしくする副詞の常連さんを取り上げる。

✋ just / even / ever

✋ only / always / already / probably

あちこに顔を出すでしゃばり

just / even / ever

1 *'* **** ******* my friend.

1838
1839
1840

友だちを助けているだけだよ。

認識しにくい just ですね。

just って認識できないと雑音になってしまうから、just は結構大切な単語。出現率も高い。意味がいろいろ変わるからその点でも注意が必要。

「〜だけ」「ただ〜」「ちょうど〜した」の他に何かありましたっけ？

「ごちゃごちゃ言わないで」のようなのがあるよ。例えば Just do it!（いいからやれよ！）。便利と言えば便利な単語。

2 I guess ****'* **** *** *** it goes.

1841
1842
1843

世の中そういうものだよ。

この just も一瞬ですね。かろうじて認識できるレベル。that's just の流れの発音が難しい。

3 ** *** **** **** how to drive?

1844
1845
1846

行く途中で手に入れるわ。

この even はどういう使い方ですか？

even は原則として強調する単語の直前に置く。この場合は know という動詞。この場合は「知りもしない」という感じかな。

4 ** ****'* **** *** who called you. It was me.

1847
1848
1849

解説を参照

🧑‍🦰 even をもう一例。her の前にあるよね。どんな意味になると思う？

🧑 her を強調しているから、彼女ですらない。「あなたに電話をしたのは彼女ですらない。電話したのは私よ」で、あっていますか？

🧑‍🦰 正解。この文章は前にも登場しているから、探してみて。そこに訳もついているから。

5 ** **, *** ** **** **** about me?

1850
1851
1852

　　彼は私のこと話したことある？

🧑‍🦰 ever も強調ね。「今まで」と思っている人多いと思うけど、どちらかと言うと「少しでも」「一回でも」かな。だからこの文も「今まで話したことある？」というより「一回でも話したことある？」のほうが近いかもね。

🧑 did he が聞き取れました！ So um も！

🧑‍🦰 ねえ、話聞いてる？

🎧 Listening Quiz

（解答と訳は p.231）

ディクテーションをやってみましょう。

❶ Why don't you **** **** ** **** ***?　　1853 1854 1855

❷ * ****'* **** **** there was a shop.　　1856 1857 1858

❸ *** **** *** one?　　1859 1860 1861

❹ She didn't **** **** ** ***.　　1862 1863 1864

❺ That's the lamest excuse *'** **** *****.　　1865 1866 1867

❻ ***'* **** ** ** righty, okay?　　1868 1869 1870

●例文のディクテーション解答

1 I'm just helping my friend.　　**2** I guess that's just the way it goes.　　**3** Do you even know how to drive?　　**4** It wasn't even her who called you. It was me.
5 So um, did he ever talk about me?

シラブルが飛ぶ

only / always / already / probably

1 ****'** **** **** a second.**

時間はかからないから。

1871
1872
1873

あらあ、only が認識できない。

文章の中に混じると結構難しいよ。

it'll とつながって、さらにわかりにくいです。

練習しておいて。クイズに類似したのを入れておくから。

2 *** ****** ******* he was gay.**

彼のことゲイだと思っていました。

1874
1875
1876

always って言っていますか?

言ってるよ。

言ってませんよ。

言ってるって。

もしかして way の部分が消えてます? always って 2 シラブルですよね。1 シラブルぐらいにしか感じないのですが。

もう一例やってみようか。

3 **** ****** ****** effeminate to me.**

彼って、私には軟弱に思える。

1877
1878
1879

2 シラブルなのか 1 シラブルなのか、微妙な例ですね、これ。

シラブルが飛ぶ例を 72 ページのコラムに書いてあるから参照してね。

4 Actually, *'** ******* eaten.
1880
1881
もう食事はすませました。
1882

😊 これはなんとか認識できました。I've と連結して少し聞きにくいですが。

🤓 よかった。ついでに actually にも注意を払ってね。そして一緒に練習してみて。actually も音が変化しやすい副詞なので。

5 ***'* ******** ***** ** ** really stressed about time.
1883
1884
彼女はきっと時間に追われているのです。
1885

😊 probably は 3 シラブルですけど、ここは 2 シラブルですね。

🤓 probably はもう今までに何度も出てきているから大丈夫かな。

😊 シラブルが減ると判別に自信が持てなくなります。

🤓 先に言った 72 ページのシラブルが減る現象のコラムを参照して。

（解答と訳は p.231）

🎧 Listening Quiz

ディクテーションをやってみましょう。

❶ ** ****** ***** easier at home.   1886 1887 1888

❷ No, ** **** **** *** once.   1889 1890 1891

❸ Gee, * ****** ***** them talk about that.   1892 1893 1894

❹ Well, I don't know. *** ******* **** yes, maybe it's a good thing.   1895 1896 1897

❺ **'** **** **** three hundred dollars.   1898 1899 1900

●例文のディクテーション解答

1 It'll only take a second. **2** I always thought he was gay. **3** He always seemed effeminate to me. **4** Actually, I've already eaten. **5** She's probably going to be really stressed about time.

意味深！ third date のあるセリフは面白い

　グーグルで third date もしくは third date rule で検索すると、相当数の検索結果が返ってくる。third date はそれほどポピュラーな概念でありながら、日本人にはほとんど馴染みがない。

　third date は「3 日目」と訳したくなるが、男女間の文脈で登場すると「3 回目のデート」を意味する。3 回目は特別なデートであり、もし 3 回目までのデイトで気が合えば今後も付き合えるが、もし失敗すれば、もう 4 回目はない、という相手を見極める節目となるのが 3 回目のデート。よって 3 回目のデートに着ていく服、third date dress / third date outfit は、気合が入る服を意味し、「勝負服」という日本語が当てはまる。

　では、アメリカのテレビドラマに登場する third date を紹介しよう。

　テレビドラマ *Friends* でのワンシーン。モニカとレイチェルは喧嘩になり、お互いの持ち物を破壊する行動に出た。モニカが壊そうとしたのはレイチェルのセーター、

Rachel: That is my favorite sweater, that is my third date sweater.

（やめて）それはお気に入りのセーターなの。3 回目のデート用なの。

　Sex and the City では、

By the third date, I wanted him even more than a fistful of Reese's Pieces.

3 回目までのデートまでに、もう彼のことが大好物のキャンディより好きになっていた。

　third date の背景を知っていると、せりふが意味深でより面白く感じないだろうか。

ポストテスト

さあ、総仕上げだよね。今まで取り上げた項目箇所をすべて空欄にする。頑張って！

((・ 1901

Q: What did it take for you to back a first-time director like Matthew?

Kevin Spacy : Yeah, ***, *** ** also **** ** ***...*** ****, ** *** world **, ** film finance, i-i-i- **, ** does make ** * **** difficult proposition '***** Matt, * **** ** ****'* done, *** ****, ** ****'* made * short, *** ****. ****, ** ** ***, ** ****'* show ** ** **. **... *** ** **** ***'** then going out *** proposing, *** ****, **** **, **... challenging material **, ***, ** *** also *** writer ** ... ** ***** direct **, **, ** does **** ** put * roadblock ** front ** *** *** **** people, *** *** *** people. *** ** **** fortunate **** ** came across A Thousand Words *** **** really *** first ** put up *** initial money *** **** ** raised *** rest ** **. *** ** took, *** ****, **...**** **** * year **, *** ****, trying ** beat down **** doors *** make people realize. *** *** thing **** actually ended up doing ** *** *** **, ** *** Matt ******* *** *** *** ** do *** say, "****, **** sit down **** ***." "Spend ** hour **** ***." "Let *** talk *** through *** film **** ** sees *** *** **** come ** *** same conclusion ***** ** **** **'* *** right person ** direct *** movie." **, *** *** ****, **, ** got fortunate **- ** ** **** ** put ** together **... *** **, **'* great-greatly satisfying.

『英語シャドーイング【映画スター編1】』 p.126

((· 1901

Q: What did it take for you to back a first-time director like Matthew?

Kevin Spacy: Yeah, and, and it also just in the... you know, in the world of, of film finance, i-i-i- it, it does make it a more difficult proposition 'cause Matt, I mean he hadn' t done, you know, he hadn't made a short, you know. Well, if he had, he hadn't show it to us. Um... and so when you're then going out and proposing, you know, this is, um... challenging material um, and, uh and also the writer is... is gonna direct it, it, it does sort of put a roadblock in front of you for some people, not for all people. And we were fortunate that we came across A Thousand Words who were really the first to put up the initial money and then we raised the rest of it. But it took, you know, uh... more than a year of, you know, trying to beat down some doors and make people realize. But the thing that actually ended up doing it was not me, it was Matt because all you had to do was say, "Look, just sit down with him." "Spend an hour with him." "Let him talk you through the film that he sees and you will come to the same conclusion which is that he's the right person to direct the movie." Um, and you know, we, we got fortunate to- to be able to put it together um... and so, it's great- greatly satisfying.

どうだった？

練習したからこそ聞き取れた部分、練習したはずなのに聞き取れなかった部分など様々です。全般的に言って結果はさんざんでした。

それは仕方ないと思う。聞き取れるか聞き取れないは音が耳に馴染んでいるかに関わってくるから。少し練習したぐらいでは馴染むまでの段階には達しないだろうと思う。今後ニュースや映画などネイティブの話す素材を毎日少しずつでいいので聞いて、それをディクテーションしてみて。知らない単語やフレーズがあればそれを覚え、聞き取れなかった箇所を練習する。それを繰り返すことで、崩れた音にも反応できるようになるから。

今まで聞き取れないのは知らない単語やスラングがあるからだとばかり思っていました。原因はもっと身近なところにあったのですね。文字で見ればやさしい英語ばかりなのに、その練習は全然やさしくないことにも気がつきました。今後も地道な努力を積み重ねていこうと思います。ありがとうございました。

p.41
① I'm gonna **wait** till **after** we **order.** 注文が終わるまで待っています。
② How are we gonna **do that?** どうやるのですか？
③ Well, are you gonna **be able to do this?** これをできますか？
④ How much **is that** gonna **cost me?** それはおいくらですか？
⑤ This is **just** gonna **take a minute.** お時間は取らせません。

p.43
① Why **would** he wanna **be involved?** どうして彼が関わりたがるんだ？
② Wanna **fill me in on the joke?** そのジョークについて教えてよ。
③ **Don't** you wanna **talk** to me **about it?** それについて話してくれない？
④ **Do you** wanna **buy me a drink?** 何か飲む物、おごってくれない？
⑤ You were **the one that** wanted to **leave him out there.**
彼をそこに置き去りにしたかったのは君だろ。

p.45
① There's **something I've gotta tell you.** 話しておきたいことがある。
② I gotta **admit, it would be worth it.** 認めるよ。それだけの価値がある。
③ You gotta **let me get a picture.** 写真を撮らせて。
④ You gotta **just do what I ask.** 頼んだことをやってほしい。
⑤ I gotta **do what** I gotta **do.** やるべきことをやらなくては。

p.47
① Let's **just get you outta that.** それから抜けさせてあげる。
② Do you have any **beers? We're outta beers.**
ビールある？ 僕たちはビールを切らしてね。
③ Why did we **have to rush** out of there **so fast?!**
どうして急いで帰らないといけなかったの？
④ Can I get **more than** two words out of you? もう少し何か話してくれないか？
⑤ We're outta **here!** 帰ろう！

p.49
① How long **do you think** we have to stay? 何時間ぐらいここにいないとダメ？
② Then you **don't** have to do it. それをする必要はありません。
③ You have to do **whatever feels right to you.**
正しいと思ったことをやらなくてはいけません。
④ I have to admit, **you're the best person** for the job.
認めます。君がその仕事にはうってつけだということを。
⑤ You don't have to save **the money.** そのお金を貯める必要はありません。

p.51
① Okay, it has to **be realistic.** もっと現実的であろう。
② But nothing has to **happen until** you're **ready.**
君の準備ができるまでは何も起こらない。
③ It has to **end.** それを終わらせなければ。
④ She never has to **know, does she?** 彼女には内緒だよね？
⑤ Somebody has to **think around here.** この中の誰かが頭を使わないと。

p.53 ① Well she said she had to think things over. しっかりと反省しなくてはと彼女は話した。

② All you had to do was buy the card! あなたはそのカードを買えばいいだけです。

③ I had to stay behind for this. 私が背後にいなくてはならなかった。

④ Sorry, I had to take a call. Did I miss anything?
申し訳ない。電話に出るしかなかった。何か聞き逃した？

p.55 ① We're kind of in the middle of something. 僕たちはいま忙しい。

② Oh, actually I sorta have plans. すでに予定があります。

③ There's something I kinda need to do. やるべきことがあります。

④ And sorta just put the receipt back in your pocket.
君のポケットにレシートを戻したよ。

⑤ I mean, it's been kind of quiet since she left. 彼女が出て行ってから静かになった。

p.59 ① I mean, we just shouldn't be together right now.
一緒にいないほうがいいと思う。

② I mean at least her entire future isn't blown.
少なくとも彼女の将来が完全につぶされたわけではないから。

③ How many flyers have you actually like passed out?
何枚ぐらいのチラシを配ったの？

④ I was like, "Why do I need it?" 「なぜこれが必要なの？」って言ったわ。

⑤ Are, are you okay? I mean, do you want me to stay? 大丈夫？ 私が残ろうか？

p.61 ① As a matter of fact, you know, maybe he didn't mean to do it.
彼はわざとやったわけではなかったかもしれない。

② Well, what did you find out? 何がわかったの？

③ You know, maybe one day she'll actually know your name.
いつか彼女があなたの名前がわかる日がくるわよ。

④ Well, maybe you should send him something.
彼に何か贈り物でもしたほうがいいかもしれない。

⑤ Well I want to get in on this. 私もこれに参加したい。

p.63 ① We both thought it was, um, really interesting.
私たちはふたりとも面白いと思いました。

② Well, I'm guessing uh, tonight at the coffee house.
今夜コーヒハウスで、と思っているのだけど……。

③ So, um, what do you do for a living? お仕事は何ですか？

④ Uh, here's what I mean by this. それはこういう意味です。

⑤ Oh, um, didn't your mom tell you I'm not coming anymore?
私は行かないって、あなたのお母さん言わなかったの？

p.65 ① Now here's the way I figured it. さて、私はこう考えたよ。

② Okay, you know what? I have no idea. あのね、全然わからない。

③ You know what, that's it, that's it.　だからね、そういうことなの。

④ Alright, you know what? That's it. You've had your chance.
わかった、そこまでだ。せっかくチャンスを与えたのに。

⑤ Now we can be together.　さあこれで一緒になれる。

p.67 ① You know what I mean. Now he's gonna think we're together.
僕の言っていることわかるでしょ。これで彼は僕たちが付き合っていると勘違いするね。

② So you know what I'm talking about, right?　私の言っていること、わかりますよね？

③ Do you know what I'm saying?　私の言っていること、わかりますよね？

④ The only problem might be getting a little too friendly, if you know
what I mean.　唯一の問題は仲良くなりすぎることかな、意味わかるよね？

⑤ It's almost. You know what I'm gonna do, though.
おしい。私が何をするかわかるよね？

⑥ You know what I do all day?　一日中私が何をしているか、わかる？

p.69 ① Listen, can you promise me that you won't tell her though?
彼女には内緒にするって約束してくれる？

② Look, I'm having a big luncheon on Sunday.　日曜日に盛大な昼食会を開く。

③ Look, for whatever it's worth, I didn't steal those drugs.
大したことじゃないかもしれないけど、俺はそのドラッグを盗んでいない。

④ Oh, listen you guys. I have this friend at the office who's quitting
tomorrow.　みんな聞いて。明日会社を辞める友だちがいるんだけど。

⑤ Look, if you ever need anyone to talk to... give me a call.
話し相手がほしければ電話してくれ。

p.71 ① Oh, you know, we're not doing that. Okay?　私たちはそんなことしません。いいですか？

② So you were saying?　で、何だって？

③ Oh, this ought to be interesting.　面白そうだね。

④ Oh we just put her down for a nap.　彼女をお昼寝させてきました。

⑤ So have you called her yet?　もう彼女に電話した？

p.80 ① You think I wanted him to quit?　私が彼にやめてほしかったと思っている？

② What did he say that was so funny?　彼が言った面白い話ってなあに？

③ They're closer than we are.　私たちより彼らのほうがずっと親密よ。

④ I think you look better in red than blue.　青より赤のほうが似合うわ。

⑤ Did she ever win anything?　彼女が何か達成したことはあるの？

⑥ It's gonna be a problem, isn't it?　それって問題よね。

⑦ Do we have any bases or tops reported?　雲の高度に関する報告は出ていますか？

⑧ I had no idea until someone told me.　人に言われるまで気がつかなかった。

⑨ It's all everybody at the party could talk about!
パーティの出席者の話題はそればっかり！

p.84

① You want me to help? 手伝いましょうか？

② Send him in. 彼をお通しして。

③ I can look in on him for you. 彼の様子を見てこようか。

④ Surprise her! Show up at her doorstep! 彼女をびっくりさせて。玄関で出迎えるの！

⑤ Can you walk us through it? わかりやすく話をしてもらえない？

⑥ I told them you weren't here. あなたがここにいなかったと話したわ。

⑦ Can I tell you something? 話があるのだけどいい？

⑧ I wonder how he does it. 彼はどうやってやったのかしら。

p.88

① Your guess is as good as mine. 君の推測は私の推測と同じようなものだね。

② I know it's not my place to judge you... 私がこんなことを申し上げるのは何ですが……。

③ We need our leaders to lead by example.
リーダーには手本を示すことで導いてほしいね。

④ But it's made her so happy. でも彼女を幸せにしたよ。

⑤ I guess they're back from their date. デートから帰ってきたみたいだね。

⑥ How's his mood today? 彼のご機嫌はどうだい？

p.95

① Do you have any muffins left? マフィンはまだ残ってる？

② And what do they see? で、彼らは何を見る？

③ Do they think they have achieved it and maybe they haven't?
達成していると考えているのか、達成していないと考えているのか？

④ Why do we have to bring it up? どうしてそんな話題を持ち出すのかな？

⑤ Do you think you're gonna be able to make it to the show?
ショーに間に合うと思っている？

p.97

① Why does this bother me so much? なぜこれがこんなに気に障るのだろう？

② Does that scare you? それが怖い？

③ What does she do? 彼女は何をやっているの？

④ Where does he come from? 彼の出身は？

p.99

① Did you try going to the teachers? 先生の所に行ったの？

② What did you think? どう思った？

③ When did she die? 彼女はいつ亡くなったの？

④ What did they do? 彼らは何をしたの？

⑤ Did you notice he said it twice? 彼が2回言ったのに気がついた？

p.101

① Can we at least try living together? 試しに一緒に住んでみてもいいんじゃない？

② You can only see the back of his head! 彼の後頭部しか見えません。

③ You're not going to be able to sell that. それを売ることはできない。

④ How can they do this to me? どうして彼らはこんなことをするの？

223

p.103 ① How could I have known?　わかるわけないでしょ？

② I was able to do all these different activities.　それらの活動のすべてをできました。

③ I wonder if you could tell me about your social life.
あなたの社会生活についてお話いただけませんか。

④ If only we could do that in life.　死ぬまでにそれができるといいのだけれど。

p.105 ① Maybe she'll know of something.　彼女は何か知っているかもしれない。

② You'll never guess who's here.　誰が訪ねてきたと思う？

③ So tomorrow morning we will go down to the beach.　明日の朝、ビーチに行くよ。

④ Will you excuse us please?　失礼します。

p.107 ① I thought I'd try to take a walk.　散歩しようと思っていたところ。

② You think she would go for it?　彼女、それをやると思う？

③ Why would he turn off the TV?　どうして彼はテレビを消したんだ？

④ Well, you would never do what she did.　彼女と同じことをしてはいけない。

p.109 ① Maybe you should wait till he brings it up.
彼がその話題を持ち出すまで待っていたほうがいいかも。

② You should have waited for me to contact you.
私からコンタクトするまで待つべきだったんだ。

③ So, what do you say, should I call him?　どうする、私が彼に電話しようか？

④ You should just go home, get in bed, and stay there.　帰宅してベッドに入れ。

④ They think you should be taking more math.　もっと数学の勉強をしたほうがいいって。

p.111 ① Forget it. Might as well just go home.　もういいよ。家に帰ったほうがよさそうだ。

② I think I might know what this is about.　これについてわかったかも。

③ You might as well buy a lottery ticket.　宝くじでも買うほうがよさそうだ。

④ Thought you might have bailed.　帰ったのかと思ってた。

p.113 ① I may know someone who's perfect for you.
あなたにふさわしい人を知っているかもしれない。

② It may have come up.　思いついたかもしれない。

③ You may have won over her for now.
とりあえず今のところは彼女の気持ちを捕まえているかもしれない。

④ The result may show her way ahead but does she want to go
through it again?
その結果は彼女に道を示すかもしれないが、彼女はそれをもう一度やりたいと思うだろうか？

⑤ May we please be excused?　退席してもよろしいですか？

p.115 ① Well, I've only taken a glance at it.　ちらっと見ただけです。

② When have I ever done that?!　私がいつそんなことをした？

③ Where have you been **all week?**　今週はどこにいたのよ？

④ When have I ever **given you a birthday present?**
私がいつあなたに誕生日プレゼントをあげたの？

p.117 ① Has she eaten **this morning?**　彼女、今朝、食事した？

② **You have no idea** what it's been like.　それがどういうものかわかっていないだろう。

③ **I wonder how long** that milk has been **setting out.**
いつからミルクがそこにあるのだろう。

④ Uh, has this happened **before?**　以前にもこれと同じことが起きたことある？

⑤ **Maybe. It's been everywhere else.**　たぶんどこにでもあるよ。

⑥ Has he been **bad-mouthing me?**　彼は私の悪口を言ってる？

p.119 ① No, I just had to **get a picture of this.**　その写真を撮るしかなかった。

② **Look, if you'd had** two failed marriages, you'd understand!
2回結婚に失敗すれば、君にも理解できるだろうね。

③ She had never seen him **as angry as this before.**
彼がこんなに怒ったのを見たことがなかった。

④ They had to call **the station?**　駅に電話するしかなかったの？

p.123 ① And how am I supposed to **fix a problem I can't fix?**
解決できない問題をどうやって解決しろと？

② Who are we **spying on?**　誰をスパイするのですか？

③ I'm not at all **surprised they feel that way.**
彼らがそんなふうに思っても全然不思議ではありません。

④ Where are we **going?**　私たちはどこに向かっていますか？

p.125 ① We were trying to **come to Monterey but it was all fogged in.**
モントレーに行こうとしましたが霧に包まれていました。

② This is just **between us.**　これは私たちの秘密です。

③ **Just in case** you were still **wondering.**　ご心配でしょうから念のために。

④ Is that gonna **work out for you?**　これはあなたにはちゃんと機能しますか？

⑤ I was **wondering if you were dating anyone right now?**
現在お付き合いしている方はいますか？

⑥ You got to promise me this is never gonna **happen.**
こういうことが二度と起こらないと約束して。

p.127 ① I was just **about to say that.**　いまそう言おうとしたところです。

② Oh, it's okay, it was just my **fault.**　大丈夫ですよ。私が悪いのです。

③ You know, maybe it was his **daughter's.**　おそらくそれは彼の娘さんのものです。

④ That was your **brother?**　今のあなたの兄なの？

⑤ It was enough **to get pulled over.**　停止を命じられるだけのことをしました。

p.129 ① He'll be back later today. 彼は今日戻ってくるよ。

② I haven't been able to focus. 集中できません。

③ I had a feeling you'd be back. あなたが帰ってくる予感がありました。

④ Have I ever been fly fishing? 私はフライフィッシングをしたことあるの?

⑤ I feel great. Been waiting for this all year. よかった。これをずっと待っていました。

p.131 ① If there's none in there, that's ok. もしないのであれば結構です。

② And then there was the accident. それから事故がありました。

③ Why are there three? どうして3個あるのですか?

④ You know what? Here's a little secret. あのう、ひとつ秘密があります。

⑤ Is there a reason you haven't talked to me about it?
それについて話してくれないのは何か理由があるから?

p.137 ① I had fun at the wedding. 結婚式は楽しかったよ。

② It did at first, but not anymore. 最初はそうだったけど、もう違います。

③ Maybe he got held up at his meeting. 彼はおそらく会議で遅くなったのよ。

④ Why aren't you at home in bed? 家で寝てなさいよ。

⑤ Can I at least meet her first? 先に彼女に合わせてもらえないかな?

p.139 ① Does anyone want the rest of this coffee? 彼の飲み残しのコーヒー、欲しい人?

② Why don't you break up with one of them? どちらかの人と別れなさいよ。

③ And while we're on the subject of news. そのニュースの話のついでに。

④ First of all, it's not my story. 第一、それは私のことではありません。

⑤ There is a lot of alcohol in it. それにはアルコールがたくさん入っています。

⑥ That's because I'm in front of them. なぜって、前面に出るのは私だからだ。

p.141 ① You didn't get anything from her? 彼女から何も受け取らなかったの?

② They said there's still no word from him. 彼らかは何も発言がないそうだ。

③ You're safe from it if it's in the bank? 銀行に預けておけば大丈夫だって?

④ Did he say where he called from? どこから電話したか言った?

⑤ Maybe from now on I should just come on the weekends.
これからは週末に来たほうがよさそうだ。

p.143 ① You've been up for 24 hours! Go to sleep. 24時間も起きているのだから寝なさい。

② For all I know, she's trying to find me. おそらく、僕を探しているのだと思う。

③ Better think of a new name for him. 新しい名前を考えてあげたほうがいいね。

④ For what it's worth, they didn't want to do the show.
一応言っておくと、彼らはショーをやりたがっていなかった。

⑤ (That)'s good. I'm happy for you. それはいいね。よかったじゃないか。

⑥ There was three of us for crying out loud! 僕たち3人だったんだ!

p.145

① I'm almost done with it. それをほぼやり終えました。

② It's gonna be cool working with them. 彼らと一緒に仕事をするのは楽しいよ。

③ How come I'm walking with you? どうして私はあなたと歩いているの？

④ I haven't had a chance to be alone with him yet.
彼とふたりっきりになるチャンスがなくて。

⑤ We're gonna have some fun with her. 彼女と楽しむよ。

⑥ What's with you? 君、どうかしたの？

p.147

① She'll come to her senses. いずれ彼女は正気に戻るよ。

② So why don't you go talk to him? 彼に話しかければいいじゃない。

③ Actually, we used to go to school together. 実は、同じ学校に通っていたの。

④ I'm gonna go to the bathroom. お手洗いに行ってきます。

⑤ Wanna come to my place? うちに来る？

⑥ So when do we get to meet the guy? その人とはいつ合わせてくれるんだい？

p.149

① Except that I do want to get married. 結婚したいと思ってること以外はね。

② Except I'm not going home. I'm going with my friends.
でも家には帰りません。友だちと一緒にいるから。

③ Nobody cares about this except you! これを気にしているのは君だけだよ。

④ No reason, except she told me. 理由はないよ。彼女が教えてくれたこと以外には。

⑤ Everything was great except for one thing. ひとつを除いてすべてうまく行っている。

⑥ Things were going great except for one thing.
ひとつを除いてすべてうまく行っている。

p.153

① And yet somehow we went through five? どういうわけか5本も飲んだというわけ？

② But we've only had one job. でも仕事はひとつしかないよ。

③ Why did you come and find me tonight? なぜ今夜私を探しに来たの？

④ But why wouldn't he take it with him? どうして彼がそれを持ち出したりするんだ？

⑤ You know how ostriches are birds but they can't fly?
ダチョウは鳥だけど飛べないよね？

p.155

① It's smaller than that. それよりは小さいね。

② You want in on this deal or don't you? この取引をしたいのか、したくないのか？

③ So are we gonna get together later or what? 後でお茶でもする？

④ Well, she's got better taste than you. 彼女はあなたより趣味がいいわよ。

⑤ No, I didn't. I can do better than this. いいえ、これよりもっとうまくできます。

p.157

① This weather's not as good as they're reporting. 今日の天気は予報ほどよくない。

② Because they think we're the perfect couple.
なぜなら僕たちを理想的なカップルだと思っているから。

③ I drove up here as fast as I could. できるだけ急いで車で駆けつけたよ。

227

④ I knew you look great cuz I saw you on the cover of your book.
本の表紙に君が載っていたので元気だと思っていたよ。

⑤ We came over as soon as we saw. それを見てすぐに駆けつけたよ。

p.159 ① I'm gonna wait till after we order. 注文が終わるまで待つよ。

② I don't know if you know this, but... これを知っているかどうかわからないけど……。

③ It's not gonna rain till later today. 今日まだ雨は降らないよ。

④ If it was to help his family, you know he would.
もしそれが彼の家族を助けることになるなら、彼は助けるでしょうね。

⑤ You can call me if you have any questions about your work.
君の仕事について質問があれば電話して。

p.161 ① I haven't seen him since he was a senior. 彼が上級生だったときから会ってないわ。

② Well, it's just that the last time I saw him, I was fine.
最後に彼を見たときには私はまだ大丈夫だったの。

③ We have already proved that we are right! 私たちが正しいともう証明したわ。

④ Since when do you watch the news? いつからニュースを見るようになったんだ？

⑤ Do you know that none of that stuff came from me?!
私はそんなこと言ってない、わかってるわよね？

⑥ You haven't done this since I was little.
私がまだ小さい頃からあなたはこれをやったことがない。

p.163 ① He tried to bolt when we picked him up. 彼を迎えに行ったら彼は逃げようとしたよ。

② You get started on this one while I'm gone. 私がいない間に開始して。

③ You want me to deposit the check while I'm there?
私がそこにいる間に小切手を預けてこようか？

④ When it comes to women, you're a true democrat.
女性に関しては君は本当に民主的だ。

p.165 ① I will speak to her, and then I'll sort things out with them
personally. 彼女には僕から話しておくよ、そして個人的に話をつけておくよ。

② I wanna quit, but then I think I should stick it out.
辞めたいけど、でも我慢したほうがいいとも思うし。

③ After they roll the dice, take a beat, and then go back in.
さいころ振ったら（開始したら）、ちょっと待ってから、それから戻って。

④ I could, but then you'd have no reason to talk to me later.
話せるけど、でも君は僕と話す理由がないよね。

⑤ Well, she was shocked when I told her, but then again so were
most people. 彼女に話したらショックだったようだ。でも誰だってショックを受けるよ。

p.171 ① What does she have that I don't have? 僕が持っていなくて彼女が持っている物は何だ？

② Is this the one that I threw out last year? これって昨年私が捨てたやつ？

③ What is it that you want me to say to them? 彼らになんと言ってほしいんだ？

④ You're the one that **bailed on us.**　私たちを見捨てたのは君でしょ。

⑤ **Okay, what did you do today** that was nice?　今日は何かいいことした？

⑥ **There are so many things** that could have gone **wrong.**
失敗したかもしれないことはたくさんある。

p.173 ① **The whole case is aluminum,** which is great.
ケースはアルミでできている、すごいでしょ。

② **She's resting,** which is a good sign.　彼女は休んでいる、いい兆候だ。

③ **Because you trust people,** which is normally a good thing.
あなたは人々を信じるけど、一般的にはいいことだよね。

④ **The climax is just the scene** which must resolve **that question.**
クライマックスというのはそのような問題を解決するシーンのことだ。

p.175 ① **Did you do what I said?**　私が言ったことをやりましたか？

② **You know what I forgot to do today?**　今日やり忘れたことを知っている？

③ **I don't know what happened to him.**　彼に何か起きたのか知らない。

④ **I don't know what I'm gonna do.**　何をすればいいのかわからない。

⑤ **Do you know what I was thinking?**　私が何を考えているかわかる？

p.177 ① I'm the one who doesn't **have a choice.**　選択肢を持たないのが私だ。

② **You're the one who rammed the truck.**　トラックに激突したのは君だ。

③ **The guy who brought the food was really nice.**
食料を持ってきてくれた人はいい人だった。

④ **Are they any better than** the ones who have **never sold scripts?**
原稿が売れたことがない人よりまし、ということですか？

p.181 ① **Do you actually know where we're going?**
我々がどこに向かっているのか知っている？

② **Police. Stay right where you are.**　警察だ。その場を動くな。

③ **I had a dream last night where I was playing football.**
昨夜、フットボールをしている夢を見たよ。

④ **Can you tell me where our classroom is?**
私たちの教室がどこかを教えてもらえませんか？

p.183 ① **You're the one that fought me when it happened.**
そのとき僕ともめたのは君だ。

② **Yeah, except when it involves him.**　彼が関係していないのであれば yes です。

③ **I don't know when I'm gonna see you again.**
また会えるのはいつになるのかわからない。

④ **I was having a drink, the other night when he called.**
彼が電話してきた夜、私はお酒を飲んでいた。

⑤ **She yearned for the time when dinner was followed by dessert.**
ディナーの後にデザートが出てくるときを待ち望んでいた。

⑥ Remember last week when he was in the accident?
彼が事故を起こした先週のことを覚えている？

p.185 ① I love how you say my name.　あなたが私の名前を言ってくれるのが好き。

② I wonder how I would react under fire.　火事のときにはどう対応すればいいのだろう。

③ I love how it happened.　事の発端が傑作。

④ We'll just take it slow and see how it goes.　ゆっくりやってどうなるか様子を見よう。

p.187 ① I don't know why they didn't just tell us.　どうして私たちに話してくれなかったのかしら。

② I don't know why I'm so nervous about this.
どうして私はこんなに緊張しているのだろう。

③ Yeah, that's why I'm going with him.　だから彼と一緒に行きます。

④ Which is why print journalism is dying.
だから紙媒体のジャーナリズムは淘汰されているのです。

⑤ The reason why he didn't do that is because it's followed by a schwa.　彼がそうしないのはシュワ音が続いているからです。

p.191 ① There'll be about a two minute delay.　2分ほどの遅れが生じるでしょう。

② I'd like to place an order for delivery please.
デリバリーの注文をお願いします。

③ Tell him the truth.　彼に事実を伝えなさい。

④ Well, both they and I are very grateful.　彼らも私も非常に喜んでいます。

⑤ I mean, do you think you can ever have both?　両方とも手に入ると思う？

p.193 ① I don't do any of that. None of that.　そういうことはできません。無理です。

② Can I get you some water?　お水を持ってきましょうか？

③ At some point, I just got stuck.　ある時点で行き詰まった。

④ Well, I think it all started when you said it.
あなたがそれを話したことからすべてが始まったのよ。

⑤ You're almost twice my age.　あなたの年齢はほぼ私の倍です。

p.195 ① There's this good little bookshop there.　そこにはいい本屋さんがあるよ。

② He had less than a minute to come up with a plan.
アイデアを思いつくのに1分とかからなかった。

③ This is none of your business.　あなたには関係のないことです。

④ Yeah, but none of them mentioned you.　だれもあなたの名前を出しませんでした。

⑤ At the end of the game, whoever has the most territory wins.
ゲームの終了時点で陣地の大きいほうが勝利者となります。

p.201 ① And I'll never bother you again.　もうご迷惑はおかけしません。

② Isn't he good?　彼っていいの？

③ I don't know if I want to answer that.　それにお答えしていいのかわかりません。

④ No, I didn't **get it.** いいえ、わかりません。

⑤ Things aren't the way **they were when you were young.**
若いころとは物事は一緒ではありません。

⑥ I can't talk **about this in front of him.** 彼の面前ではそれについて話しません。

⑦ And you're still not **attracted to him at all?** まだ彼のことなんとも思っていないの？

⑧ I wasn't one **to talk about marriage.** 私に結婚のことを話す資格はありません。

⑨ She doesn't know **that many people.** それほど多くの人を知りません。

p.209 ① We might have **hit it off.** 私たちは気が合ったかもね。

② I guess he musta gotten **the part in that play.** その舞台の役を得られたはずだ。

③ You could have **anything you want.** 望むものはおそらく手に入るよ。

④ I told him he could have **a turkey sandwich.**
ターキーサンドイッチを食べられるかもしれないと伝えた。

⑤ I never would have **met him if it hadn't been for you.**
あなたがいなければ彼に会えていなかっただろう。

⑥ That would have **put him over the edge.** それが彼を追い詰めたのだろう。

⑦ I was thinking maybe I should have **told him.** 彼に話すべきだったと思っている。

⑧ I think you may have **a drinking problem.** 君はお酒の問題を抱えているようだ。

p.213 ① Why don't you just take it with you? 持って行っていいよ。

② I didn't even know **there was a shop.** お店があるとは思ってもいなかった。

③ You ever had **one?** 持っていたことある？

④ She didn't **even look at him.** 彼を見もしない。

⑤ That's the lamest excuse I've ever heard. そんなヘンな言い訳を初めて聞いたわ。

⑥ Let's just do it **righty, okay?** ちゃんとやりましょう、いい？

p.215 ① It always looks **easier at home.** 家では簡単に思えるのに。

② No, we only went out **once.** デートしたのは一度だけです。

③ Gee, I always heard **them talk about that.**
皆がそれについて話しているのをいつも聞いていた。

④ Well, I don't know. You already said **yes, maybe it's a good thing.**
そうね、わからないけど。あなたはもう「YES」と言ったでしょ、たぶんそれはいいことだよ。

⑤ It'll only cost **three hundred dollars.** たった300ドルですよ

ページ	ファイル	ページ	ファイル	ページ	ファイル	ページ	ファイル	ページ	ファイル	ページ	ファイル	ページ	ファイル
—	0001		0043		0089		0135		0181	2. 談話標識			0272
第1部			0044		0090		0136		0182	58	0227		0273
12	0002		0045		0091		0137		0183		0228		0274
21-23	0003		0046		0092		0138		0184		0229		0275
24	0004		0047		0093		0139	53	0185		0230		0276
24	0005		0048		0094		0140		0186		0231		0277
25	0006		0049	46	0095		0141		0187		0232		0278
25	0007	43	0050		0096		0142		0188	59	0233		0279
27	0008		0051		0097		0143		0189		0234		0280
第2部			0052		0098		0144		0190		0235	62	0281
プリテスト			0053		0099		0145		0191		0236		0282
30,32	0009		0054		0100		0146		0192		0237		0283
31,32	0010		0055		0101		0147		0193		0238		0284
31,32	0011		0056		0102		0148		0194		0239		0285
34	0012		0057		0103	50	0149		0195		0240		0286
35	0013		0058	47	0104		0150		0196		0241		0287
1. 必須リダクション1			0059		0105		0151		0197		0242		0288
40	0014		0060		0106		0152		0198		0243		0289
	0015		0061		0107		0153		0199		0244	63	0290
	0016		0062		0108		0154	54	0200		0245		0291
	0017		0063		0109		0155		0201		0246		0292
	0018		0064		0110		0156		0202		0247		0293
	0019		0065		0111		0157		0203		0248		0294
	0020		0066		0112	51	0158		0204		0249		0295
	0021		0067		0113		0159		0205		0250		0296
	0022	44	0068		0114		0160		0206		0251		0297
41	0023		0069		0115		0161		0207		0252		0298
	0024		0070		0116		0162		0208		0253		0299
	0025		0071		0117		0163	55	0209	60	0254		0300
	0026		0072		0118		0164		0210		0255		0301
	0027		0073		0119		0165		0211		0256		0302
	0028		0074		0120		0166		0212		0257		0303
	0029		0075		0121		0167		0213		0258		0304
	0030		0076	48	0122		0168		0214		0259		0305
	0031	45	0077		0123		0169		0215		0260		0306
	0032		0078		0124		0170		0216		0261		0307
	0033		0079		0125		0171		0217		0262	64	0308
	0034		0080		0126		0172		0218	61	0263		0309
	0035		0081		0127		0173		0219		0264		0310
	0036		0082	49	0128		0174		0220		0265		0311
	0037		0083		0129		0175		0221		0266		0312
	0038		0084		0130	52	0176		0222		0267		0313
	0039		0085		0131		0177		0223		0268		0314
	0040		0086		0132		0178		0224		0269		0315
42	0041		0087		0133		0179		0225		0270		0316
	0042		0088		0134		0180		0226		0271	65	0317

ページ	ファイル	ページ	ファイル	ページ	ファイル	ページ	ファイル	ページ	ファイル	ページ	ファイル	ページ	ファイル
	0318		0364		0410		0454		0500		0546		0590
	0319	68	0365		0411		0455	84	0501		0547		0591
	0320		0366		0412		0456		0502		0548	96	0592
	0321		0367		0413		0457		0503		0549		0593
	0322		0368		0414		0458		0504		0550		0594
	0323		0369		0415		0459		0505		0551		0595
	0324		0370		0416		0460		0506		0552		0596
	0325		0371		0417		0461		0507		0553		0597
	0326		0372		0418		0462		0508		0554	97	0598
	0327		0373		小テスト1		0463		0509		0555		0599
	0328	69	0374	73,74	0419		0464		0510		0556		0600
	0329		0375		3.代名詞		0465		0511		0557		0601
	0330		0376	76	0420		0466		0512		0558		0602
	0331		0377		0421		0467		0513		0559		0603
	0332		0378		0422		0468		0514		0560		0604
	0333		0379		0423		0469		0515		小テスト2		0605
	0334		0380		0424		0470		0516	89,90	0561		0606
66	0335		0381		0425		0471		0517		4.助動詞		0607
	0336		0382	77	0426		0472		0518	94	0562		0608
	0337		0383		0427		0473		0519		0563		0609
	0338		0384		0428		0474		0520		0564		0610
	0339		0385		0429		0475		0521		0565		0611
	0340		0386		0430		0476		0522		0566		0612
	0341		0387		0431	81	0477		0523		0567		0613
	0342		0388	78	0432		0478		0524		0568		0614
	0343		0389		0433		0479	85	0525		0569		0615
67	0344		0390		0434		0480		0526		0570	98	0616
	0345		0391		0435		0481		0527	95	0571		0617
	0346	70	0392		0436		0482		0528		0572		0618
	0347		0393		0437	82	0483		0529		0573		0619
	0348		0394		0438		0484		0530		0574		0620
	0349		0395		0439		0485	86	0531		0575		0621
	0350		0396		0440		0486		0532		0576	99	0622
	0351		0397	79	0441		0487		0533		0577		0623
	0352		0398		0442		0488		0534		0578		0624
	0353		0399		0443		0489		0535		0579		0625
	0354		0400		0444		0490		0536		0580		0626
	0355	71	0401		0445		0491	87	0537		0581		0627
	0356		0402		0446		0492		0538		0582		0628
	0357		0403		0447		0493		0539		0583		0629
	0358		0404		0448		0494		0540		0584		0630
	0359		0405		0449	83	0495		0541		0585		0631
	0360		0406	80	0450		0496		0542		0586		0632
	0361		0407		0451		0497	88	0543		0587		0633
	0362		0408		0452		0498		0544		0588		0634
	0363		0409		0453		0499		0545		0589		0635

音声ファイル一覧

ページ	ファイル	ページ	ファイル	ページ	ファイル	ページ	ファイル	ページ	ファイル	ページ	ファイル	ページ	ファイル
	1276		1322		1368		1414		1458		1504		1549
	1277		1323		1369		1415		1459		1505		1550
	1278		1324		1370		1416		1460		1506		1551
	1279		1325		1371		1417		1461		1507		1552
	1280		1326		1372	164	1418		1462		1508		1553
	1281		1327	161	1373		1419		1463		1509		1554
	1282		1328		1374		1420		1464		1510		1555
155	1283		1329		1375		1421		1465		1511		1556
	1284		1330		1376		1422		1466		1512	181	1557
	1285		1331		1377		1423		1467		1513		1558
	1286		1332		1378		1424		1468		1514		1559
	1287		1333		1379		1425		1469		1515		1560
	1288	158	1334		1380		1426		1470		1516		1561
	1289		1335		1381	165	1427		1471		1517		1562
	1290		1336		1382		1428		1472		1518		1563
	1291		1337		1383		1429		1473		1519		1564
	1292		1338		1384		1430		1474		1520		1565
	1293		1339		1385		1431		1475		1521		1566
	1294		1340		1386		1432	172	1476		1522		1567
	1295		1341		1387		1433		1477		1523		1568
	1296		1342		1388		1434		1478	176	1524		1569
	1297	159	1343		1389		1435		1479		1525		1570
	1298		1344		1390		1436		1480		1526		1571
	1299		1345		1391		1437		1481		1527	182	1572
	1300		1346		1392		1438	173	1482		1528		1573
	1301		1347		1393		1439		1483		1529		1574
	1302		1348	162	1394		1440		1484		1530		1575
	1303		1349		1395		1441		1485		1531		1575
156	1304		1350		1396		1442		1486		1532		1576
	1305		1351		1397		1443		1487	177	1533		1577
	1306		1352		1398		1444		1488		1534		1578
	1307		1353		1399	小テスト4			1489		1535		1579
	1308		1354	163	1400	167,168	1445		1490		1536		1580
	1309		1355		1401	8.関係代名詞			1491		1537	183	1581
	1310		1356		1402	170	1446		1492		1538		1582
	1311		1357		1403		1447		1493		1539		1583
	1312		1358		1404		1448		1494		1540		1584
157	1313		1359		1405		1449		1495		1541		1585
	1314		1360		1406		1450		1496		1542		1586
	1315		1361		1407		1451	174	1497		1543		1587
	1316		1362		1408		1452		1498		1544		1588
	1317		1363		1409		1453		1499		1545		1589
	1318	160	1364		1410		1454		1500		1546		1590
	1319		1365		1411	171	1455		1501		1547		1591
	1320		1366		1412		1456		1502	9.関係副詞			1592
	1321		1367		1413		1457	175	1503	180	1548		1593

新田晴彦

広島県尾道市出身。関西外国語大学卒業。
大学を卒業後、機械部品メーカーの海外事業部に勤務。しかしビジネスの現場ではネイティブの英語に太刀打ちできなかったため、映画を先生にして英語を学びなおす。その後起業独立。大学講師、映像メディア英語教育学会元理事。映画で英語を学ぶ過程で映画シナリオに詳しくなりシナリオライター養成校にて講師も務めている。夢はオリジナル作品をハリウッドで映画化すること。単著、共著、翻訳、雑誌への寄稿など執筆活動も多い。 著書に、『アカデミー賞に学ぶ映画の書き方』（スクリーンプレイ出版）、『英語シャドーイングの達人』（国際語学社）、『The World of the 20th Century』（金星堂）、『スクリーンプレイ学習法』（スクリーンプレイ出版）、『Flight Instructor's Handbook』（日本航空機操縦士協会）、2002年文部科学省検定教科書外国語『Oral Communication I』（フォーイン）、2007年文部科学省検定高校教科書外国語『英語I』（フォーイン）、2008年文部科学省検定高校教科書外国語『英語II』フォーイン　他

ナチュラル英語を絶対聞き取る！
5段変速リスニング完全マスター

2020年5月31日　　第1版第1刷発行

著者：新田晴彦

装丁：松本田鶴子

印刷・製本：シナノ印刷株式会社
音声収録：株式会社メディアスタイリスト

発行人：坂本由子
発行所：コスモピア株式会社
　　　　〒151-0053 東京都渋谷区代々木 4-36-4 MC ビル 2F
　　　　営業部　TEL: 03-5302-8378　email: mas@cosmopier.com
　　　　編集部　TEL: 03-5302-8379　email: editorial@cosmopier.com
　　　　FAX: 03-5302-8399
　　　　https://www.cosmopier.com/ （会社・出版物案内）
　　　　https://e-st.cosmopier.com/ （コスモピア e ステーション）

本書のご意見・ご感想をお聞かせください。

本書をお買い上げいただき、誠にありがとうございます。

今後の出版の参考にさせていただきたいので、ぜひ、ご意見・ご感想をお聞かせください。（PC またはスマートフォンで下記のアンケートフォームよりお願いいたします）

アンケートにご協力いただいた方の中から抽選で毎月 10 名の方に、コスモピア・オンラインショップ（https://www.cosmopier.net/shop/）でお使いいただける 500 円のクーポンを差し上げます。（当選メールをもって発表にかえさせていただきます）

https://forms.gle/cEwDEJBa34Tg4VFy5